LA PROTECTION

DE LA VIE

DES NAVIGATEURS

PAR

ALFRED DE COURCY

DIRECTEUR DE LA COMPAGNIE D'ASSURANCES GÉNÉRALES MARITIMES

PARIS

ARMAND ANGER, LIBRAIRE-ÉDITEUR

48, RUE LAFFITTE, 48

1874

LA PROTECTION

DE LA VIE

DES NAVIGATEURS

LA PROTECTION

DE LA VIE

DES NAVIGATEURS

PAR

M. A. DE COURCY

DIRECTEUR

de la Compagnie d'Assurances générales maritimes.

PARIS

ARMAND ANGER, LIBRAIRE-ÉDITEUR

48, RUE LAFFITTE, 48

1874

20 avril 1874.

Je ne saurais publier une réimpression de l'étude que l'on va lire sans la faire précéder d'observations bien douloureuses.

A quelques jours d'intervalle, on vient d'apprendre trois catastrophes, atteignant nos deux principales lignes postales françaises. *Le Nil*, paquebot des Messageries nationales, a fait naufrage sur les côtes du Japon, engloutissant près de cent victimes. *L'Europe*, paquebot de la Compagnie générale transatlantique, a été abandonné en mer le 2 avril. *L'Amérique*, autre paquebot de la même Compagnie, a été abandonné en mer, le 14 avril, presque en vue de nos côtes. Dans ces deux derniers désastres, l'humanité n'a eu à déplorer que la mort d'un seul homme, M. Garay, un des rares survivants de l'état-major de *la Ville-du-Havre*. Les passagers et le surplus des équipages ont pu être sauvés par la rencontre opportune d'autres navires. Et cependant, ces deux événements auront plus de retentissement et ont frappé de plus de stupeur que la perte du *Nil*, que celle même de *la Ville-du-Havre*. Le Japon est bien loin, et un naufrage sur des récifs sera malheureusement toujours une des chances prévues de la navigation. Un abordage nocturne est aussi une des chances prévues, et l'on avait pour *la Ville-du-Havre* la ressource d'accuser la mauvaise manœuvre de l'abordeur. Mais, des catastrophes comme celles de *l'Europe* et de *l'Amérique* sont en dehors de toutes les prévisions, et jusqu'à ce jour étaient sans exemple dans nos compagnies postales. Il y avait environ sept cents créatures humaines à bord de ces deux navires, et l'imagination s'effraie des dangers qu'elles ont courus.

A quoi servent donc les compartiments cloisonnés, à quoi servent des pompes à vapeur, d'autres pompes maniées par un nombreux personnel, si une simple voie d'eau peut, en si peu de temps, amener de tels désastres, sans permettre de gagner un port de refuge? Faut-il accuser les capitaines, les ingénieurs de la Compagnie, les constructeurs? Faut-il, en dépit des attestations de tous les hommes de l'art, déclarer innavigables et démolir d'autres paquebots, réputés les chefs-d'œuvre de l'architecture navale? Terribles problèmes, que des enquêtes vont essayer de résoudre.

Je me suis senti tenté de déchirer mon travail, si cruellement démenti par les faits. Il semble que j'aie porté malheur à nos Compagnies postales. J'avais en effet livré à l'impression la première partie de cette étude au mois de novembre dernier, avant la perte de *la Ville-du-Havre*. En constatant la merveilleuse sécurité qu'avait présentée la navigation des lignes postales, j'étais heureux de rendre hommage à nos deux grandes Compagnies françaises, qui, dans leurs services de longs cours, n'avaient encore enregistré *aucun désastre* affligeant pour l'humanité; et voici qu'en moins de six mois quatre catastrophes sont venues coup sur coup détruire mes conclusions et désoler mon patriotisme.

Cependant, en m'efforçant de comprimer l'émotion présente, je me demande si les considérations générales que j'ai présentées sont ébranlées.

Et d'abord, j'ai soin de me tenir en garde contre deux superstitions contradictoires de joueurs, toutes deux très-répandues et dont l'expression sort souvent alternativement des mêmes bouches, contre les chimères de ce qu'on appelle *la veine*. Bon nombre de gens parient pour le joueur qui a la veine, ou se retournent contre lui en pensant que sa veine doit être épuisée. De même, beaucoup de passagers vont certainement éviter les paquebots de la Compagnie Transatlantique et se porter sur les lignes rivales plus heureuses, tandis que quelques-uns pourraient être tentés de choisir de préférence ses navires comme ayant épuisé la mauvaise chance. La première impression serait aussi frivole que la seconde, si elle s'appuyait sur une sorte de fatalisme et non sur des observations raisonnées. Je l'écrivais il y a douze ans : « La *veine* est une pure chimère. Les hasards passés n'ont aucune influence sur les hasards futurs; les chances accomplies déjà n'engendreront pas celles qui vont s'accomplir. » Mais j'avais soin de dire aussi : « S'il y a des joueurs constamment heureux, il est imprudent de leur tenir tête, car il y a gros à parier qu'ils ont une supériorité notable d'habileté (1)... »

L'important est de rechercher s'il y a ici autre chose que des chances fortuites, s'il y a des *causes* assignables au changement de fortune de notre Compagnie Transatlantique. Or voici ce que je constate.

Jusqu'au mois de novembre dernier, elle avait eu quelques accidents fâcheux, des

(1) *Essai sur les lois du hasard*, page 54.

abordages, un navire coulé et un autre incendié dans les bassins du Havre (*la Floride* et *le Lafayette*), un autre crevé sur des pointes de rochers et coulé dans le port de Santander (*le Panama*). Aucun de ces événements n'avait été de nature à faire concevoir le moindre doute sur la solidité de ses constructions. Bien au contraire, la manière dont on avait relevé et réparé *le Panama* après une submersion de plus d'un mois, *le Lafayette* après un incendie qui semblait l'avoir détruit, avait paru être une preuve éclatante d'une solidité de construction exceptionnelle, et rien n'avait ébranlé la confiance des assureurs ni celle des passagers.

Est-il survenu depuis, dans le matériel flottant, quelque chose de saillant et de nouveau ? Oui. Les quatre plus grands bâtiments de la Compagnie étaient, pour son trafic, d'un mauvais usage, à ce point qu'on les employait rarement. Ils consommaient trop de charbon, ils n'avaient pas assez de vitesse. Afin de les utiliser, on a résolu de les transformer et de les allonger. Tous quatre ont subi cette transformation, *sur des chantiers anglais*. L'opération a été très-dispendieuse, et a coûté plusieurs centaines de mille francs pour chacun des navires.

De ces quatre grands bâtiments transformés et allongés, un seul, *la France*, existe encore, parce qu'il n'a pas encore navigué. Ce sont précisément *les trois autres* qui ont péri en moins de six mois et à peine mis en service.

A la vérité, le premier, *la Ville du Havre*, avait éprouvé le choc d'un abordage; mais lors de ce lamentable événement, bien des personnes firent déjà la remarque que c'était un navire *allongé*, et que la cassure absolue par le milieu et la rapidité extrême de son enfoncement dans l'eau pouvaient bien tenir à cette circonstance. Le second, *l'Europe*, a touché en sortant sur les vases de l'avant-port du Havre ; on cherchait à rattacher à cet accident sa perte ultérieure ; on incline aujourd'hui à écarter cette corrélation et à considérer l'accident comme n'ayant eu aucune importance. S'il en a eu, ce n'est encore qu'à raison des formes du bâtiment. Le troisième, *l'Amérique*, n'a subi aucun choc quelconque, et la voie d'eau qui l'a envahi l'a fait couler en mer comme *la Ville du Havre* et *l'Europe*.

Voilà trois faits qui semblent s'éclairer l'un l'autre d'un jour lugubre. L'opinion publique, avant le résultat des enquêtes, n'hésite pas à se prononcer avec énergie. Les trois vapeurs qui ont coulé sont les trois vapeurs *transformés et allongés* qui venaient de sortir des chantiers de transformation. En présence de cette observation, certes, il n'y aurait pas d'impression superstitieuse à refuser de s'embarquer sur le quatrième, *la France*, et on ne pourrait même s'y embarquer que par une sorte de jactance. Mais il y aurait superstition et fatalisme à refuser de s'embarquer sur les paquebots de la même Compagnie qui n'ont pas subi cette transformation et qui ont toujours heureusement navigué.

Les enquêtes qui vont s'ouvrir seront facilitées par l'inspection de *la France*, et porteront plus encore sur le bâtiment qui reste que sur les trois qui ont disparu. Elles seront cependant traversées par des passions bien violentes, par des amours-propres implacables, par des craintes de responsabilités immenses. Il y aura des questions d'honneur professionnel et d'honneur national, et des questions de positions compromises. Nul, et les hommes de science moins peut-être que d'autres, n'avoue volontiers qu'il s'est trompé. Les trois bâtiments disparus avaient reçu tous les baptêmes. Les plans de transformation avaient été concertés entre des ingénieurs habiles, exécutés par des constructeurs non moins habiles. Les bâtiments, après leur transformation, avaient été agréés par la Commission supérieure, cotés à la plus haute classe par les experts du *Veritas*. Il serait dur de déclarer que tous ces hommes de mérite se sont trompés, que l'opération exécutée a été une mauvaise opération, et, pour conclure brutalement, que *la France* est un bâtiment innavigable qu'on doit démolir.

Il ne m'appartiendrait pas de préjuger le résultat des enquêtes, je proclame de nouveau mon absolue incompétence dans les questions techniques, et cependant, comme assureur, je suis obligé de le préjuger. Les assureurs n'ont le temps d'attendre ni la fin ni le commencement des enquêtes ; il y a d'autres navires en mer ou à la veille de prendre la mer pour lesquels ils sont sollicités de donner leur garantie. Il faut qu'ils se prononcent, et sur l'heure. Que feront-ils ? Iront-ils, semblables à des joueurs affolés de la perte de plusieurs parties, jeter leurs cartes en désertant la table ? Feront-ils au pavillon français l'injure de lui refuser leur garantie, parce que trois navires, dont deux construits en Angleterre et tous trois transformés sur des chantiers anglais, ont péri ? Ou feront-ils spécialement cette injure à la Compagnie Transatlantique, qui pendant dix ans avait mérité leur confiance ? Il faut se décider, il faut conclure, il faut oser, avant que les hommes de l'art aient examiné, et c'est ici qu'éclate une fois de plus l'étrange caractère de la profession de l'assureur maritime, composé bizarre d'expérience et d'intuition.

Sommés en quelque sorte de se prononcer au moment des plus grandes perplexités, repoussant les inspirations superstitieuses, les assureurs ne peuvent voir que les faits patents et flagrants. Les trois bâtiments *allongés* qui ont pris la mer ont péri tous trois en l'espace de quelques mois. Est-ce *par la faute de leur allongement?* Les assureurs en sont persuadés, et c'est l'expression de l'opinion publique. Ils disent qu'il y a ici place pour un dilemme inflexible : l'opération de l'allongement est mauvaise en elle-même ou elle a été mal faite, car les fortunes de mer éprouvées par *l'Europe* et *l'Amérique*, qui épargnaient les navires où se sont réfugiés les passagers, n'étaient certainement pas de nature à faire couler des bâtiments de cette puissance qui n'auraient pas été atteints d'un vice. Les assureurs refuseront donc péremptoirement leur garantie au quatrième navire allongé dans les mêmes conditions ; ils croiront, par ce refus péremptoire, servir l'humanité. D'autres bâtiments de la Compagnie Transatlantique, non allongés, ont eu des navigations heureuses, et ont donné des gages de solidité. Les assureurs ne refuseront pas d'entrer en négociation pour leur renouveler leur garantie.

Telle doit être, ce me semble, la conclusion hâtive des assureurs. Je serais surpris si les enquêtes, où vont se déployer tant de passions, pouvaient en amener une autre.

Et maintenant je vais reproduire, sans y rien changer, l'étude qui suit, telle qu'elle était publiée dans le *Bulletin du Bureau-*

Veritas, au mois de mars dernier, telle que je venais de la remettre sous presse. Le lecteur s'affligera, moins que moi, de trouver qu'il y a tant à rabattre de l'hommage que je me plaisais à rendre à nos compagnies postales. Peut-être est-il bon de rappeler ce qui a été vrai, à une date si récente. Peut-être aussi l'auteur a-t-il le droit de signaler, sans trop d'humiliation, ce qu'il disait de l'allongement des formes (page 40). « *Pour retrouver la vitesse,*
» *on a démesurément allongé les formes*... Il
» n'est pas besoin d'être un grand expert
» pour comprendre ce que le bâtiment
» perd en stabilité. Dans les mers soule-
» vées par la tempête, l'appui lui manque,
» sa proue émerge ou plonge avec excès,
» il est tordu par les vagues, il se casse
» et s'engloutit. »

P. S. Les événements maritimes se succèdent avec une telle rapidité qu'ils ne laissent pas à l'observateur le temps de respirer ni à l'écrivain le temps d'achever la phrase commencée. Le paquebot *l'Amérique*, qu'on croyait coulé à fond peu après son abandon, a été rencontré flottant le lendemain et remorqué à Plymouth. Les enquêtes pourront donc porter sur ce bâtiment lui-même.

LA PROTECTION

DE LA VIE

DES NAVIGATEURS

I

Quand il se produit, sur nos chemins de fer, un accident entraînant la mort de quelques voyageurs, une vive émotion s'empare aussitôt des populations. La presse propage et généralise cette émotion, et la surexciterait bien davantage encore si les compagnies ne se croyaient obligés de tempérer son ardeur de plusieurs manières. La justice se transporte sur les lieux et procède à de sévères enquêtes. Toutes les causes de l'accident sont scrutées, toutes les responsabilités sont recherchées. L'aiguilleur qui a pu manquer un moment de vigilance, le chef de gare qui a tardé à transmettre un signal ou une dépêche, le mécanicien qui n'a pas assez habilement manœuvré, jusqu'au directeur de Paris qui, loin de la catastrophe, a prescrit la marche des trains, sont mis en état de prévention, parfois condamnées et incarcérés. Parallèlement à l'action publique, se développe l'action civile des voyageurs blessés et des familles des victimes, réclamant de larges indemnités pécuniaires.

Qu'il y ait souvent excès dans cet appareil de répression et de réparation, je n'en fais aucun doute. La juste mesure est difficile en toutes choses, mais l'excès même concourt à un résultat général qui est merveilleux. Sous la menace des responsabilités suspendues, tous les agents redoublent d'application et de vigilance. Comparé aux millions de voyageurs qui circulent sur les chemins de fer, le nombre des accidents est minime. Rien de plus effrayant que ces fournaises lancées avec des vitesses vertigineuses, se croisant, se dépassant les unes les autres. Pourtant on monte dans son wagon, on y jase, on y lit, on y dort en gardant le sentiment d'une sécurité presque absolue, et aucun des vieux modes de locomotion ne présente moins de dangers. Le public est ingrat. Il s'irrite de quelques réglementations qui le gênent, il se plaint d'une barrière fermée, il s'exaspère pour un arrêt ou un retard. Il ne réfléchit pas aux fatigues, aux insomnies, aux anxiétés des hommes qui veillent avec tant de sollicitude sur sa sûreté.

De nombreux voyageurs parcourent aussi les routes de la mer, mais ici les accidents, qui prennent le nom de naufrage, sont d'une fréquence désolante. Ouvrez les journaux spéciaux qui se publient à Londres pour l'usage des assureurs maritimes, et qui résument les avis télégraphiques reçus de tous les points du monde : le *Lloyd's List*, le *Shipping and Mercantile Gazette :* il n'y a pas un seul jour, dans la saison la plus bénigne, où vous ne trouviez annoncés de dix à vingt naufrages. Après les grands ouragans, la nomenclature est d'une longueur qui frappe d'épouvante. Deux ou trois lignes à peine décrivent chaque événement ; deux ou trois mots seulement disent le sort des hommes : *Crew saved, crew drowned :* Équipage sauvé ou équipage noyé. Ou bien encore : Tant d'hommes noyés. Rien de plus. Le public qui ne navigue pas ne lit pas ces avis sinistres, l'émotion ne sort pas du cercle des intéressés. Cette émotion locale, est elle-même amortie quand arrivent, plusieurs mois après, les documents détaillés. Les affaires d'argent se règlent avec les assureurs, quelques familles de marins ont pris successivement le deuil, et, s'il s'agit d'un équipage français, ont fait célébrer un service funèbre dans une église de village. Et c'est tout. Ni l'administration, sauf ce que je dirai plus loin du ministère de la marine, ni la justice, ni la publicité n'ont pris aucun souci quelconque de la vie des marins et des passagers disparus. Il n'y a pas davantage d'action civile ; le navire étant perdu, les armateurs n'encourent aucune responsabilité, et, d'après une disposition de la loi française, qui peut sembler barbare, les marins qui ont survécu, comme les héritiers de ceux qui ont péri, sont, par le fait du naufrage, déchus de tout droit au paiement de leurs salaires.

Le contraste avec ce qui a lieu pour les accidents de chemins de fer est-il assez frappant ? S'il y a excès de sévérité d'un côté, n'y a-t-il pas, de l'autre, excès coupable d'insouciance ?

La catastrophe récente du paquebot transatlantique *la Ville du Havre* a fait exception et a vivement ému la France entière. Pourquoi ? Ce n'est pas seulement à cause de la grandeur du désastre et du nombre des victimes, c'est surtout parce que parmi ces victimes il y avait des passagers, et des passagers français ; parce que l'événement avait eu lieu à quelques jours de nos côtes, et que l'annonce de ses circonstances navrantes était suivie de près du débarquement dramatique, dans un de nos ports, des naufragés survivants. Si l'événement avait eu lieu au loin, si on ne l'avait appris que plusieurs mois après sa date, s'il n'avait coûté la vie qu'à des marins, on en aurait à peine parlé. Le public ignore l'effrayante fréquence de ces collisions de navires, devenues l'un des plus grands dangers de la navigation. On en compte près de cinq par jour, sans doute avec des degrés divers de gravité, et une revue spéciale de Londres constatait, comme une particularité satisfaisante, que pendant le mois de novembre dernier, on en avait *seulement* enregistré 115, chiffre notablement inférieur à celui du mois d'octobre.

Lorsqu'il s'agit de navires à voiles, il y a ceci de remarquable que le plus souvent le capitaine n'a pas été choisi par son mérite, mais s'est choisi lui-même. En France, tout navigateur pourvu, après examen, du brevet de capitaine au long cours est présumé capable de conduire un bâtiment. Mais cela ne lui donne pas un commandement. Sauf exception, c'est l'argent, et l'argent seul, qui lui en procure un. Il rassemble ses ressources, il emprunte ce qui lui manque, il fait appel à la bienveillance de ses parents et amis, il achète un navire ou une part de navire, et le voilà, suivant l'énergique expression des vieilles formules, maître après Dieu. Naturellement, le capitaine-propriétaire a soin de faire assurer sa propriété, et de façon à n'avoir rien à redouter pour ses intérêts privés. Survienne le naufrage, avec l'argent des assureurs il achètera un autre navire ; il est souvent enrichi par le naufrage même : qu'il ait perdu le navire par son impéritie manifeste, son incurie ou son intempérance, que des marins et des passagers se soient noyés, personne n'y regardera de près. Il a dressé devant son consul un rapport qui établit la force majeure et fait foi en justice. Les morts ne disent rien ; les survivants, heureux d'avoir échappé sains et saufs, n'en disent guère davantage. Bien mal avisés seront les assureurs qui oseront entreprendre de démontrer la faute. Les preuves leur manqueront toujours. Un avocat foudroiera de son éloquence leur esprit de chicane, une verte sentence des juges les guérira pour longtemps de leur prétention outrecuidante. — Je n'exagère rien, les choses se passent, ou du moins se sont longtemps passées ainsi : les assureurs paient et le capitaine-propriétaire recommence.

Je soutiendrais volontiers une proposition qui paraîtrait au premier abord très-paradoxale. Je demanderais qu'il fût interdit au capitaine faisant le long cours d'avoir un intérêt de propriété sur le navire qu'il commande. Alors il serait vraiment *choisi*, pour sa capacité et son mérite. Alors il redouterait singulièrement de perdre son navire, parce qu'il perdrait du même coup son commandement, il compromettrait son honneur de marin et sa carrière. Les grandes maisons d'armement qui possèdent de nombreux navires ont soin de *choisir* des capitaines non intéressés. Les exemples les plus remarquables en France ont été donnés par MM. Peulvé, Petitdidier et Cie, qui ont armé à la fois jusqu'à soixante navires à voiles, et par la Compagnie des Messageries nationales. Ces deux grandes entreprises choisissent des capitaines non intéressés. Pour toutes deux, la proportion des naufrages a été extrêmement faible et beaucoup au-dessous de la moyenne, la proportion des morts violentes par accident de mer plus faible encore. L'argument de fait et d'expérience serait saisissant pour ma proposition. Je n'ignore pas cependant qu'elle n'aurait aucune chance d'être accueillie. Elle serait criblée d'invectives dans les ports de mer et soulèverait un *tolle* général d'imprécations. Elle serait déclarée oppressive et absurde. Comment ! s'écrierait-on, c'est quand on se plaint que les capitaux de l'intérieur fassent défaut aux armements maritimes qu'on repousserait ceux des navigateurs, qu'on défendrait aux marins, et aux marins seuls, d'employer dans leur propre industrie leurs économies, leurs ressources et leur crédit ? — Je me reconnais d'avance moins persuadé que vaincu.

Le ministère de la marine, dans l'intérêt de la vie des marins, sur lesquels le ministre, comme chef de l'inscription maritime, exerce une véritable tutelle, a fait à diverses reprises des efforts pour relever la dignité, les garanties et la responsabilité du commandement.

La marine de l'État possède une institution d'une grande noblesse. Toutes les fois qu'un bâtiment a fait naufrage, le commandant est tenu de comparaître devant un conseil de guerre pour se justifier. Il dépose son épée entre les mains du président et se présente en prévenu. Il est prévenu, en effet, de n'avoir pas ramené au port le bâtiment qui lui était confié, une enquête a été ouverte, des témoignages sont entendus. Le commandant se défend le plus souvent lui-même et dédaigne de prendre un avocat. Sa conduite est examinée dans les causes qui ont amené le désastre et dans les circonstances qui l'ont accompagné ou suivi. Épreuve bien solennelle, où tout l'honneur de l'officier est en jeu. Si la moindre faute, si une impéritie ou une défaillance est établie à sa charge, sa carrière est perdue. Même une absolution contestée est pour lui un signal de briser l'épée, qui ne lui est laissée que par indulgence. Mais si le conseil de guerre reconnaît qu'il a été à la hauteur de tous ses devoirs, que le naufrage ne peut être attribué qu'aux fatalités de la force majeure, que, dans les angoisses de ces moments terribles, le commandant a montré le sang-froid, l'intrépidité, le dévouement d'un chef, notamment en organisant le sauvetage des hommes et en ne s'occupant que le dernier de sa propre sûreté, alors un acquittement unanime est prononcé; le président, qui en exprime la formule, y ajoute une allocution sympathique et tend à l'officier son épée. L'officier la saisit avec une joie sereine, des applaudissements éclatent, des larmes coulent, toutes les mains serrent celles du prévenu de la veille, qui se retire presque en triomphateur. — Jusqu'à quel point la perspective d'une telle épreuve contribue-t-elle à entretenir la vigilance du chef, puis à soutenir son moral à travers les cruelles péripéties d'un naufrage? Nul ne le saurait dire.

On avait donc songé à l'application d'une épreuve analogue aux commandants de la marine commerciale. Bien qu'il n'exerce qu'une profession privée, le capitaine reçoit, en effet, en montant à son bord, une véritable délégation de la puissance publique. Il est responsable, non-seulement des valeurs précieuses qui lui sont confiées, mais de la vie des marins et des passagers. Il est, à certains moments, officier de l'état civil et magistrat ; il peut prononcer des sentences et ordonner de mettre des hommes aux fers. Conçoit-on que, s'il perd son navire, même avec perte d'une partie de son équipage, il n'ait de comptes à rendre à personne? Il y a là quelque chose de singulièrement choquant. Dans les années qui ont précédé la révolution de 1848, un des directeurs éminents de l'administration de la marine, M. Marec, s'était voué à l'idée de remédier à ce désordre. Le lecteur s'étonnera d'apprendre que l'objection qui lui fut faite fut une objection constitutionnelle. « Nul ne pourra être distrait de ses juges naturels, disait la Charte. Il ne pourra, en conséquence, être créé de commissions et de tribunaux extraordinaires à quelque titre et sous quelque dénomination que ce puisse être. » (Articles 53 et 54 de la Charte de 1830.) Devant ces textes, on ne crut pas possible de passer outre, et M. Marec échoua dans sa tentative.

Dès le mois de mars 1852, un décret-loi instituait des tribunaux maritimes pour la répression des fautes de discipline. C'était surtout une garantie contre les manquements des subalternes et une aide apportée à l'autorité des capitaines. Le même décret autorisait, par son article 87, le ministre de la marine à suspendre ou retirer la faculté de commander, après une enquête contradictoire, *lorsqu'il le jugerait nécessaire.* Une décision ministérielle ultérieure organisait une procédure pour soumettre à l'examen, par application de ce décret, la conduite de tout capitaine qui a perdu son navire. A la suite d'une enquête, le ministre, après avoir pris l'avis d'une commission consultative, prononce un véritable arrêt. Ou il déclare que la conduite du capitaine a été exempte de tout blâme et lui maintient la faculté de commander, — la manière dont cette déclaration est formulée peut même être un suffrage tombé de haut et un titre d'honneur qui en attirera d'autres, — ou il inflige un blâme, ou, suivant le degré des fautes constatées, il suspend pour un temps ou supprime la faculté d'exercer un commandement.

Le lecteur aperçoit aussitôt quelle est la gravité d'une telle mesure, qui met dans la main d'un ministre, et d'un ministre militaire, toute la carrière des capitaines de la marine commerciale. Elle puise son principe dans l'institution de l'inscription maritime. Le ministre est le chef hiérarchique de tous les marins inscrits; c'est lui qui, après des examens subis par les candidats, confère, au moyen du brevet de capitaine, la faculté de commander. Ce brevet n'est qu'une présomption de capacité, présomption qui peut être démentie par l'expérience. Le ministre soumet, en quelque sorte, les examens à une révision ; l'enquête n'est qu'un examen nouveau, et il se reconnaît le droit de retirer le brevet conféré.

J'ai vivement applaudi à cette initiative

ministérielle (1), parce qu'elle mettait un terme à des impunités vraiment scandaleuses, et qu'elle était, pour la vie des marins et des passagers, au moins une garantie contre la récidive des impérities notoires ; mais je ne me dissimulais pas la fragilité intrinsèque de l'institution : œuvre d'un ministre, elle pouvait être rapportée par un autre. Elle devait être attaquée au nom des principes généraux du droit et de la légalité. Sa base juridique manque en effet de solidité. En fait, cette juridiction disciplinaire et autoritaire du ministre s'exerce avec beaucoup de modération, avec d'autant plus d'indulgence même qu'on la sait contestée dans son principe. En fait, tout vaillant capitaine dont, après une catastrophe, l'hon-

---

(1) *D'une Réforme internationale du droit maritime*, librairie Guillaumin, 1863, pages 213 et suivantes.

neur n'a rien à redouter de l'enquête, accepte avec empressement cette haute juridiction, comme un gage éclatant et une consécration de celle de l'opinion publique, et la solliciterait au besoin. Cependant, il est vrai de dire que cette procédure à huis clos, sans débat contradictoire et sans défense, aboutissant à une sentence sans appel, a quelque chose d'anormal et choque les idées généralement reçues. Le diplôme d'un médecin et celui d'un avocat, une fois concédés, ne dépendent pas de l'arbitraire d'un ministre. Je ne suis donc pas surpris que le corps des capitaines au long cours ait fait entendre à plusieurs reprises des plaintes contre cette main-mise sur leurs brevets. J'accorde que l'institution devra être modifiée, mais pour être fortifiée au moyen d'une loi. Elle répond à une nécessité trop évidente pour qu'il soit possible d'en demander l'abolition sans proposer de la remplacer par une autre qui tende au même but. Aussi je note avec plaisir que c'est un des vœux exprimés par la Commission supérieure de la marine marchande.

« Un jour viendra, écrivais-je en 1863, où l'on sera tout étonné que l'autorité ait témoigné une si longue insouciance pour la conservation des navires et pour la vie des marins (1). » Dix ans se sont passés sans que dans notre pays, dont les habitants voyagent peu sur mer et ne prêtent aux choses maritimes qu'une attention fort distraite, le moindre ébranlement de l'opinion se soit manifesté à cet égard. Mais, en Angleterre, ma prédiction s'est récemment accomplie, et les réclamations ont fait explosion avec une violence extrême,

---

(1) ***D'une Réforme internationale du droit maritime*, page 218.**

à la suite d'un concours de catastrophes douloureuses dont la simultanéité était, à la vérité, sans précédents.

Ces catastrophes étaient de celles dont, quand elles sont isolées, on parle le moins ; il s'agissait de navires disparus avec tous leurs équipages. On se souvient de l'hyperbole de certains auteurs classiques qui, en racontant des batailles, disent que la destruction de l'armée vaincue fut si complète qu'il ne resta personne pour apporter la nouvelle de la défaite. Trop souvent, dans les luttes soutenues contre les flots, ce n'est pas une hyperbole : un nombre assez considérable de navires de commerce disparaissent chaque année sans qu'un seul survivant puisse faire le récit du naufrage. L'imagination s'épouvante en se représentant les drames successifs qui ont dû s'accomplir jusqu'à ce que la dernière victime, accrochée aux débris d'une mâture ou mourant de faim sur un radeau, ait été engloutie à son tour. Le silence ensevelit ces scènes pleines d'horreur, dont les péripéties ne seront jamais révélées. Parfois seulement, quand le bâtiment n'était pas lourdement chargé, des navigateurs rencontrent à la mer l'épave flottante, devenue elle-même un écueil.

D'autres drames se déploient dans l'intérieur des familles qui ont quelques-uns de leurs membres à bord du navire disparu. L'inquiétude commence dès que la traversée dépasse la durée prévue; cette inquiétude augmente peu à peu, devient une anxiété, bientôt une angoisse. Autrefois, quand on ne naviguait qu'à la voile, cet état de perplexité se prolongeait très-longtemps. On avait la ressource de s'en prendre aux calmes, aux relâches, aux vents contraires; on citait des exemples de traversées doubles les unes des autres.

Quand on ne pouvait plus douter d'un accident, on espérait encore que l'équipage avait été recueilli et dirigé vers de lointains parages par le navire libérateur. J'ai connu bien des faits de ce genre. Des mères, des épouses obstinées dans un frêle espoir, d'autres même qui avaient perdu toute espérance ont tressailli en reconnaissant l'écriture d'un être chéri dont elles portaient le deuil, sur l'adresse d'une lettre arrivant de l'Inde ou de l'Amérique.

Le temps n'est plus à ces longues incertitudes ni à ces histoires de revenants. La vapeur a donné une trop grande précision aux traversées ; le télégraphe apporterait des nouvelles de tous les points où aurait pu relâcher le navire attendu. C'est de jour en jour, d'heure en heure que se précipite l'inquiétude; des paris aventureux s'engagent à la bourse des assureurs, et les spéculations du jeu cotent en quelque sorte l'anxiété croissante des familles. Ces gageures sont fort peu usitées en France; elles sont tout à fait dans les mœurs de l'Angleterre, où l'on s'échauffe à parier sur l'arrivée des navires retardataires comme sur celle des chevaux de course.

Jusqu'à ces derniers temps, la disparition d'un navire à vapeur avec tout son équipage était chose extrêmement rare. Aussi l'émotion fut vive lorsqu'à la fin de l'hiver de 1873, on eut à constater, en Angleterre, que plus de vingt vapeurs, presque tous d'un fort tonnage et de construction très-récente, manquaient à l'appel (1). Fallait-il en accuser un de

---

(1) Dix-huit autres vapeurs, dont treize neufs, ont été abandonnés en mer sans avoir subi aucun choc. Les équipages avaient pu se sauver après avoir couru les plus grands dangers.

On n'a souvenir que de quatre bâtiments à vapeur

ces ouragans terribles, de ces cyclones contre lesquels toute l'habileté du marin est impuissante ? La diversité des voyages et des dates de départ excluait cette hypothèse. On voyait, d'ailleurs, arriver à bon port de nombreux navires qui avaient suivi les mêmes routes de la mer sans aucune fâcheuse rencontre. Force était donc de chercher une autre cause à un tel concours de catastrophes. Alors l'émoi, se propageant, passa rapidement du cercle des assureurs et des négociants intéressés aux autres classes de la société, de la presse spéciale à tous les organes de l'opinion, du foyer des familles en deuil à tous les foyers de l'Angleterre. Il ne tarda pas à éclater au Parlement. La disparition

---

sous pavillon français qui aient jamais disparu sans nouvelles, *l'Atlas*, *l'Adeline-Fanny*, *l'Ardent*, et la *Marguerite*. Trois d'entre eux étaient presque neufs *et de construction anglaise*.

des navires à vapeur devint la question palpitante du moment. Il y avait là, non pas seulement des désastres consommés sur lesquels l'humanité n'avait qu'à gémir, mais des périls permanents, mais une menace constante, mais une honte pour la marine anglaise. Il fallait à tout prix trouver les causes et imposer les remèdes, fussent-ils héroïques. Il y allait de l'honneur de la Grande-Bretagne et de la sécurité de sa population voyageuse.

M. Plimsoll, représentant pour Derby, se trouva, quoique parti d'un point tout différent, l'ardent et intrépide champion de cette croisade. Je parle d'intrépidité, parce qu'il faut en effet une remarquable vigueur de courage pour braver les colères et les inimitiés que venait affronter M. Plimsoll. On ne pouvait pas mettre en jugement les capitaines ; s'ils avaient été imprudents ou malhabiles, ils avaient payé de leur vie leur témérité. C'étaient des corporations puissantes, les ingénieurs, les constructeurs, les armateurs, les négociants chargeurs, qui étaient dénoncés à la réprobation publique et accusés de sacrifier à leur cupidité la vie des hommes. L'attaque fut telle et elle éveilla tant d'échos, que le gouvernement de la reine ne put pas rester fidèle à la politique de non-intervention qui lui est si chère. Le 29 mars 1873, il institua, sous la présidence du duc de Somerset, une haute commission d'enquête dont fait partie le prince Alfred, fils de la reine et officier dans sa marine, en lui donnant mission de suggérer les mesures législatives qui lui paraîtraient opportunes. Cette commission prit le nom de « Commission royale des navires innavigables » (*Royal Commission on unseaworthy ships*). Après six mois de recherches et d'études, elle a publié, sous la date du 20 septembre, son premier rapport, présenté, par ordre de la reine, aux deux Chambres du Parlement. On voit avec quelle solennité a été traitée la question (1).

Ce rapport produit sur le lecteur une impression pénible. Deux mots peuvent le résumer. Il avoue le mal, il n'indique aucun remède. Bien plus, il passe successivement en revue les remèdes proposés, pour les écarter tous. C'est une déclaration d'impuissance. A la vérité, le rapport est qualifié de préliminaire et paraît annoncer la continuation des enquêtes. Mais après six mois d'études, quelles lumières nouvelles espère-t-on recueillir ? Aussi le ton général de ce document me semble des-

(1) On est redevable de la publication d'une traduction française de cet important document à M. Charles Bal, l'habile directeur du *Bureau-Veritas*, dont j'aurai à reparler plus loin.

tiné à calmer les excitations de l'opinion et à endormir la question. Le rapport dit bien, presque à son début : « Le grand objet que nous avons eu constamment en vue est la protection de la vie sur mer. » Mais il ajoute aussitôt : « En poursuivant cet objet capital de notre enquête, nous croyons qu'il importe d'intervenir *aussi peu que possible* dans la liberté d'entreprise de l'Angleterre, dans le génie inventif du constructeur anglais et dans la propriété des armateurs, qui ont à lutter contre une énergique et active concurrence. » *Aussi peu que possible*, j'en demeurerais d'accord, mais point du tout, c'est autre chose. Les conclusions sont cependant négatives. Le grand objet, l'objet capital constamment en vue est, au contraire, constamment perdu de vue ou subordonné aux considérations commerciales.

M. Plimsoll s'était écrié : Nos MARINS !

La Commission royale répond : NOTRE COMMERCE !

Ce n'est pas que les représailles et les sarcasmes aient manqué à M. Plimsoll, de la part des intéressés dans le libre commerce des armements. Quelques-uns se bornaient à se moquer du philanthrope et de son livre, qu'ils qualifiaient de grotesque. « Il est singulier d'observer, dit la brochure très-répandue d'un armateur estimé (1), combien rapidement quelques hommes émergent de l'obscurité pour devenir des héros ; et parmi toutes les circonstances bizarres qui peuvent produire un héros, qui jamais eût pensé que la tempête produirait un héros terrestre ? » D'autres sont allés plus loin et ont cherché au zèle déployé des mobiles différents

(1) *The Plimsoll Sensation* (la Sensation Plimsoll), par John Glover.

de la philanthropie. M. Plimsoll est marchand de charbon et représentant d'un district houiller de l'intérieur, qui souffre de la concurrence des houillères du littoral aidées de la navigation. *Inde iræ !* En attaquant la navigation, il trouve le triple avantage de devenir un personnage, de se populariser auprès de ses électeurs et de nuire à ses concurrents. On va jusqu'à lui donner des associés dans sa campagne d'agitation. Les lecteurs français n'ont pas à s'embarrasser de ces édifiantes récriminations ni à vérifier le bon aloi de l'héroïsme de M. Plimsoll. Quels qu'aient été ses mobiles, la question qu'il a soulevée n'en est pas moins haute en elle-même.

J'ai le regret de dire que la Commission royale a évité de rappeler les faits spéciaux, les faits douloureux et actuels qui ont amené son institution. Elle s'est dispensée par là d'approfondir les causes de ces faits. Elle s'étend longuement sur des dangers connus de tout temps, sur l'excès de charge, sur la pontée (1), sur l'insuffisance numérique ou l'impéritie des équipages. Il n'y a en cela rien de nouveau, et ce n'est pas à ces seules causes que peut être attribuée la perte en pleine mer de quarante bateaux à vapeur dans l'espace de quelques mois. Elle glisse rapidement sur les constructions défectueuses, pour s'empresser de faire observer que le gouvernement ne peut pas prendre la responsabilité des constructions de navires marchands ni conduire les affaires des armateurs, pour aboutir à cette conclusion peu sérieuse

(1) On appelle ainsi les chargements sur le pont, très-dangereuse pratique des navires à voiles dans certains voyages. Les quarante vapeurs perdus en mer n'avaient pas de chargement sur le pont.

qu'il conviendrait de répandre, au moyen de publications, la connaissance des détails de la construction en fer, *laquelle est, dit-on, si indispensable (which is said so much needed)*. Dans quelles classes répandra-t-on, de grâce, ces connaissances, et faudra-t-il que des matelots et des passagers, avant de s'embarquer sur un navire, aient fait un cours de construction navale ?

Je vais essayer de suppléer à cette lacune, peut-être intentionnelle, du rapport, et, en rappelant les faits actuels, d'en assigner les causes. On verra ensuite s'il est vrai qu'il n'y ait aucun remède.

La cause principale, bien qu'indirecte, et assurément fort innocente, est l'ouverture du canal de Suez. Le lecteur pourra être surpris de cette affirmation et la juger audacieuse. J'ai hâte de l'expliquer.

On sait combien l'Angleterre a été passionnément hostile à la grandiose entre-

4

prise. En dépit de tous les efforts de sa malveillance, l'œuvre a été menée à bonne fin. Aussitôt le commerce anglais se retournait avec une prestesse merveilleuse, passant de l'hostilité à l'engouement. On n'en disconvenait plus, la vraie route de l'Inde était trouvée, mais à la condition qu'on ne la parcourût qu'avec des bateaux à vapeur. On reconnaissait, en effet, qu'elle était inaccessible aux navires à voiles, dont elle n'abrégeait pas la traversée. Les détroits à franchir, les vents contraires, les frais du canal, les dangers de la mer Rouge, trop étroite pour les évolutions de la voile, étaient autant d'obstacles insurmontables. La vieille marine ne s'obstina pas à lutter et s'avoua vaincue. Le canal de Suez a été le coup le plus funeste porté à la marine à voiles, dont il a précipité la décadence, peut-être temporaire.

Il fallait multiplier les instruments de transport, qui faisaient défaut à la route nouvelle ; il fallait improviser toute une flotte à vapeur. Il fallait qu'elle fût construite dans des conditions assez économiques pour disputer le fret aux navires attardés qui suivaient encore la voie frayée par Vasco de Gama. Le fer, le charbon haussaient de prix subitement dans des proportions imprévues. Il fallait compenser ces nouveaux désavantages à force d'inventions et d'économies. Ce que la Commission royale appelle à juste titre « le génie inventif du constructeur anglais, » aidé de « la liberté d'entreprise, » se mit à la besogne avec une activité prodigieuse. Toutes les usines de fer, tous les ateliers de fabrication de machines furent en feu et surexcitèrent leur production. A côté des chantiers déserts de la construction des navires en bois et à voiles, véhicules désormais surannés, on vit s'étendre, le long des rivières de l'Angleterre, comme d'immenses avenues, les toitures légères des chantiers où l'on martelait et où l'on rivait la tôle. Il ne s'agissait pas seulement de fournir des bateaux à vapeur aux armateurs de la Grande-Bretagne, mais d'en approvisionner le marché de l'Europe entière.

Le moment était d'ailleurs favorable pour conquérir une formidable avance. La France accablée par ses malheurs; l'Allemagne, enorgueillie de ses succès, mais absorbée par le travail de son unification et retenant dans les camps toute sa jeunesse; l'Espagne se débattant dans ses convulsions; l'Italie, mal pourvue de capitaux, d'ingénieurs et d'ouvriers en fer, et qui venait de donner un développement excessif à sa marine à voiles; l'Amérique, se relevant à peine de ses guerres de la sécession, et que sa situation géographique écartait du grand transit de Suez, n'étaient guère en état de lutter d'activité avec les chantiers de la Grande-Bretagne. Celle-ci décourageait et supprimait presque la concurrence, en accumulant un stock de navires à vapeur qu'elle offrait à tous les pavillons.

Quelques chiffres montreront ce qu'a été cette activité et justifieront l'importance que j'ai attribuée à l'ouverture du canal de Suez. En 1868, l'année qui a précédé l'ouverture du canal, l'Angleterre avait construit 56 navires à vapeur de plus de mille tonneaux. Elle en construisait 157 dès 1870, 228 en 1871 ; elle en lançait ou mettait en chantier 435 en 1872. J'ai entre les mains la pancarte d'un courtier, d'un des intermédiaires qui s'occupent de négocier la vente des vapeurs tout construits; la liste qu'il publie et expédie sur les diverses places du continent ne comprend pas moins de 400 navires, tous magnifiques et splendides, en style d'annonce. On voit si le marché est largement approvisionné et si les acheteurs ont du choix.

Sans doute, ils ont du choix, et il y a de la marchandise à tous prix. Mais qu'on y prenne garde. Les amateurs qui vont visiter les écuries du Tattersall ou le marché aux chevaux de Paris y trouveront plus de chevaux tarés ou vicieux que de coursiers de mérite. Il en est à peu près de même sur le marché des bateaux à vapeur, et l'on y rencontrera tous les maquignonnages.

C'est le moment de dire, en effet, le grand mal, le mal patent de la situation, celui que la Commission royale n'ose pas proclamer à la face du Parlement et du monde, et sur lequel le rapport préliminaire glisse trop légèrement, en se contentant de quelques indications. La quantité des produits est merveilleuse, la qualité est faible et le plus souvent défectueuse. Le « génie inventif du constructeur anglais » s'est évertué à produire à bon marché, comme celui des couteliers de Sheffield et des manufacturiers de Manchester. La différence est que les mauvais couteaux, non plus que les cotonnades à vil prix de l'exportation cosmopolite, ne causent la mort de personne, tandis que les mauvais navires engloutissent leurs équipages et leurs passagers.

Pour économiser le fer, on a tellement aminci l'épaisseur des tôles, que, suivant une locution usitée, certains navires ne flottent que sur leur couche de peinture. Au moindre choc, la coque se déchire et la mer fait irruption. Pour économiser le charbon, on a réduit la force de la machine. Pour compenser la réduction de force et retrouver la vitesse, on a démesurément allongé les formes. Le bateau à vapeur qu'a connu notre jeunesse, et sur lequel on s'embarquait avec sécurité, avait en largeur le sixième environ de sa longueur. De progrès en progrès, on est arrivé au huitième, au dixième, et moins encore. L'idéal de certains constructeurs a été d'imiter la forme du saumon, sinon de l'anguille. Mais les vertèbres du navire n'ont point la souplesse ni la solidité d'assemblages de celles du poisson. Il n'est pas besoin d'être un grand expert pour comprendre ce que le bâtiment perd en stabilité. Dans les mers soulevées par la tempête, l'appui lui manque, sa proue émerge ou plonge avec excès, il est tordu par les vagues, il se casse et s'engloutit.

Une habileté consommée de la part des capitaines, des officiers, des mécaniciens, atténuerait les dangers de telles constructions. Malheureusement, sous ce rapport si essentiel, il y a encore un notable déclin. On a fait l'économie des hommes comme celle de la matière, parce que les hommes aussi coûtent cher. Et ce n'est pas seulement l'insuffisance numérique des équipages qu'il faut accuser ici, c'est surtout l'insuffisance d'expérience et de capacité professionnelle. Cette conséquence de la création trop hâtive d'une flotte nouvelle était fatale. On n'improvise pas ainsi des navigateurs habiles ; le marché n'en est pas illimité comme celui du fer et du charbon. Où aurait-on trouvé des marins consommés pour équiper à la fois cinq cents navires à vapeur ? Les grandes lignes régulières et postales avaient pris et gardaient l'élite ; force était de descendre de bien des degrés dans l'échelle de l'expérience et du mérite.

4.

Je viens de parler des lignes postales, et j'avertis le lecteur que j'entre ici dans le vif de la question. Par une fort étrange prétérition, la Commission royale n'en a pas dit un mot. Je me demande, en vérité, si, résolue à ne pas puiser là des enseignements et des conclusions, elle n'a pas préféré laisser en suspicion toute la marine anglaise. Ce serait une injustice et une calomnie. L'Angleterre possède, comme d'ailleurs la France, l'Allemagne, l'Italie, l'Autriche, une admirable flotte à vapeur, celle qui est consacrée au service des correspondances postales, et qui doit être l'objet de la préférence des passagers. Je citerai au premier rang, pour l'Angleterre, les trois anciennes Compagnies *Cunard*, *Royal-Mail*, *Peninsular and Oriental*, la première établissant des communications régulières avec les États-Unis, la seconde avec les Antilles et le Brésil, la troisième avec l'Inde et l'extrême Orient. Pour la France, et au même rang, je citerai la Compagnie des Messageries nationales, qui, longtemps confinée dans la Méditerranée, dessert depuis dix ans le Brésil et les mers de l'Inde, et la Compagnie générale Transatlantique, qui dessert les États-Unis, l'Amérique centrale et l'océan Pacifique; pour l'Italie, la Compagnie Rubattino, dont les paquebots, depuis l'ouverture du canal de Suez, vont jusqu'à Bombay; pour l'Autriche, ceux du Lloyd autrichien. Il y a sans doute d'autres lignes régulières qui méritent aussi la confiance publique. Je m'attache aux principales, à celles qui sont subventionnées par les gouvernements pour un service postal.

Qui dit subvention, — il convient de ne pas l'oublier, — dit cahier des charges, obligations réciproques et corrélatives, réglementation, contrat avec l'État, partant, contrôle et surveillance de l'État. C'est au prix d'un grand service public à rendre, d'un service national, que ces Compagnies reçoivent de la nation une subvention. Les navires doivent d'abord être agréés par une commission dont l'autorité désigne les membres; ils doivent réunir certaines conditions de force et de vitesse; ils font des essais, ils subissent des épreuves, comme un pont en subit avant d'être livré au public. Le nombre minimum des officiers et des hommes de leurs équipages est déterminé. Ils sont commandés par des officiers d'élite. En France, l'autorité prévoyante, observant que le commerce n'avait pas pu former des capitaines expérimentés pour la grande navigation à vapeur, qui n'était pas pratiquée avant l'organisation des service postaux, a permis aux Compagnies de les choisir dans le corps justement estimé des officiers de la marine de l'État. Des prescriptions vigilantes étendent leur sollicitude sur le bien-être et la sécurité des passagers. Un agent administratif est chargé de veiller à l'exécution de toutes les dispositions prescrites.

Maintenant, examinons les résultats obtenus; voyons si les Compagnies postales ont rendu le grand service public qui leur était demandé. Je ne parle pas ici de la merveilleuse régularité des correspondances, immense service rendu au commerce entier. Je ne parle pas des relations créées ou multipliées. Je m'enferme dans le sujet principal de cette étude, la protection de la vie des marins et des passagers, intérêt public, ce me semble, intérêt de plus en plus puissant à mesure que se mêlent les sociétés humaines, que se développent les besoins et les goûts des voyages. Comment les Compagnies postales ont-elles réalisé cette protection ?

La Compagnie Cunard fonctionne depuis plus de trente ans. Elle a chaque semaine un départ de Liverpool pour New-York ou Boston. Elle a transporte des milliers de passagers à travers toutes les tempêtes, tous les brouillards de l'hiver, toutes les banquises de glace des bancs de Terre-Neuve. Elle n'a pas gardé la statistique des premières années ; mais je trouve pour la seule année 1872 le chiffre de 72,749 passagers transportés entre l'Angleterre et l'Amérique.

Combien ont péri à bord de ses navires, par suite de naufrage, pendant plus d'un quart de siècle ? PAS UN SEUL !

En France, la Compagnie des Messageries nationales existe depuis vingt ans comme desservant les escales de la Méditerranée, depuis dix ans comme exploitant les lignes du Brésil et de l'Inde. Elle a transporté jusqu'à la fin de 1871, le chiffre énorme de 3,577,424 passagers. Elle a eu plusieurs naufrages, bien qu'en proportion très-faible ; mais, dans ses services postaux, combien de catastrophes affligeantes pour l'humanité? UNE SEULE ! la perte du *Borysthène*, naufragé en 1860 sur les côtes de l'Algérie : 7 marins, 31 passagers militaires, 19 passagers civils y ont péri. Par ailleurs, en vingt années, sur plus de sept millions de lieues parcourues, rien.

La Compagnie générale Transatlantique a été fondée en 1862. Elle n'avait eu à déplorer aucune catastrophe avant celle qui vient d'avoir tant de retentissement, accident terrible qu'il est impossible d'attribuer à un défaut de solidité du navire.

En Italie, la Compagnie Rubattino existe comme compagnie postale depuis 1851.

Elle a renouvelé et agrandi sa concession en 1861. Elle a transporté dans les onze dernières années 819,941 passagers. Combien en a-t-elle perdu en vingt et un ans, par des accidents de mer? PAS UN SEUL !

A Trieste, la Compagnie du Lloyd autrichien existe depuis 1836. Fondée avec 7 vapeurs seulement, elle en a successivement porté le nombre à 75. Elle a transporté 7,967,312 passagers. Combien ont péri ? PAS UN SEUL !

Enfin, aucune des grandes compagnies postales de l'Europe n'a eu, en un quart de siècle, un seul navire à vapeur qui ait disparu ni qui ait été abandonné en mer sans collision. Le commerce libre des armements anglais en a compté quarante en quelques mois.

Voilà des faits éclatants. La Commission royale d'Angleterre, instituée pour protéger la vie des marins et des passagers *(seafaring life)*, et qui déclare avoir eu constamment ce grand objet en vue, ne les mentionne pas et semble les ignorer.

C'est cependant la question : *that is the question*. L'extrême rareté des accidents sur les vapeurs des lignes régulières, la déplorable fréquence des catastrophes sur les vapeurs de hasard et du commerce libre ont les mêmes causes. Les premiers sont plus solides, mieux construits ; ils ont coûté plus cher ; ils sont plus légèrement chargés, ils sont mieux équipés et mieux commandés. Ils sont aux mains de Compagnies puissantes qui ne négligent rien pour leur bon entretien : ils sont sous la surveillance constante de l'autorité. On y forme une hiérarchie d'officiers et de mécaniciens qui s'élèvent successivement de grade en grade, en raison de leur expérience et de leur mérite. Les seconds sont trop souvent une marchandise de pacotille. Les constructeurs, les armateurs ont fait l'économie des matériaux et l'économie des hommes. Les équipages sont racolés sans choix ; le commandement peut échoir à un incapable ou à un ivrogne qui aura pris une part de propriété sur le navire ou des actions dans la Société, à la condition de commander. De plus, les navires sont trop souvent surchargés. On peut hésiter, disputer sur la nature, la dose et l'opportunité des remèdes ; mais j'admire qu'il ait fallu six mois d'enquêtes et un gros volume de témoignages contradictoires pour constater à peu près le mal, sans précision et sans conclusion. Le mal, tel que je viens de le décrire, est certain et notoire.

Quant aux remèdes, peut-être serait-il

moins difficile qu'il ne paraît à la Commission royale de les déterminer. La vraie difficulté est de savoir *si l'on veut* les appliquer. La Commission royale incline visiblement pour la négative. Il s'agit de décider avant tout si, oui ou non, on gênera par une réglementation préventive et par une surveillance de l'autorité la liberté du commerce des armements, ainsi que le « génie inventif du constructeur anglais. » Si l'on est d'avance résolu à n'en rien faire, en vertu d'idées préconçues sur la liberté commerciale, je n'ai plus moi-même rien à dire, et l'on perd son temps à chercher les remèdes. Il n'y a qu'à laisser aller en s'abstenant et en se réconfortant au moyen des sentences et des vieilles métaphores. La lance d'Achille guérit les blessures qu'elle a causées. *Rule Britannia!* Qu'importe que le char écrase des imprudents sous ses roues, pourvu qu'il atteigne le but! En d'autres termes, quand un procédé de construction ou de chargement aura suffisamment noyé de gens, on y prendra garde et l'on corrigera le procédé. En attendant, *faciamus experimentum in anima vili*. L'Angleterre est assez riche en marins pour remplacer les morts. L'Angleterre est la reine des mers, ne touchons pas à la reine.

C'est une thèse soutenable. Elle découle directement et logiquement de la doctrine du libre-échange. Aussi voit-on que ce que la Commission royale redoute le plus, c'est la concurrence des marines étrangères qui ne seraient pas assujetties aux mêmes prescriptions et qui garderaient le droit de noyer les gens tout à leur aise. Elle va jusqu'à prévoir que, pour conserver ce précieux droit, les armateurs anglais feraient passer patriotiquement leurs navires sous des pavillons étrangers, en usant des facilités tant préconisées par les économistes de la Grande-Bretagne, dans l'intérêt des principes. Ainsi nous retrouvons la lutte doctrinale de l'indépendance commerciale et de la réglementation, du libre-échange et de la protection. Intervenir pour sauvegarder la vie des marins et des passagers, c'est une des formes de la protection. M. Plimsoll, emporté par sa passion, a pu se faire illusion à cet égard. Plus calme, plus sagace, moins émue de sensibilité nerveuse, la Commission royale voit le danger et le signale.

Il m'est impossible de ne pas faire remarquer combien contraste, en France du moins, avec le laisser aller des choses maritimes, la vigilance de l'autorité dans les autres choses.

J'ai déjà mentionné la sévère réglementation des chemins de fer. J'ai parlé des ponts, qui ne sont pas reçus et livrés au public sans avoir subi des épreuves. On sait la loi sur les logements insalubres; on sait de quelles enquêtes est précédée, de quelles précautions est entourée la fondation des usines. Mais voici qui est encore plus frappant. J'ouvre le décret du 26 mars 1852 sur la grande voirie de Paris, et je lis, articles 3 et 4 : « Tout constructeur de maison, avant de se mettre à l'œuvre,.... devra adresser à l'administration un plan et des coupes cotées des constructions qu'il projette, et se soumettre aux prescriptions qui lui sont faites *dans l'intérêt de la sûreté publique et de la salubrité.* » Ces prescriptions sont minutieuses. Elles réglementent la hauteur des maisons, des étages, des combles, les loges de concierge, les ouvertures, les cheminées, les conduites d'eau et de gaz, les fosses, les égouts, les ventilations, jusqu'au volume d'air respirable des chambres. J'ai consulté des architectes, je leur ai demandé si leur art s'en trouvait gêné. Oui, m'a-t-il été répondu, nous en sommes parfois gênés dans quelques fantaisies d'innovation; mais nous reconnaissons que le résultat général est excellent. Et, en effet, les transformations de Paris depuis 1852, ce que la ville y a gagné en salubrité, ce qui s'est bâti de maisons, rendent, je pense, un éclatant témoignage, et montrent assez si l'esprit d'entreprise du bâtiment, si le génie inventif des architectes ont été paralysés. Quelques artistes moroses pourront regretter les ruelles, les bouges et les cloaques du bon vieux temps. Paris nouveau est devenu une des villes les plus saines du monde.

Ainsi, sur le sol que nous foulons, la vigilance de l'autorité protége partout la vie de l'homme. Elle pénètre avec nous dans nos habitations, elle nous suit dan nos voyages. Cette protection doit-ell nous abandonner dès que nous metton le pied sur un navire, en affrontant le dangers de la mer, et doit-elle faire dé faut à nos marins ?

II

J'ai déjà cité la réponse de M. Joh Glover au livre de M. Plimsoll (1). L'at taque est vive, pleine de verve et d'*hu mour* britannique. La brochure a eu u grand succès et plusieurs éditions. L'au teur, armateur respectable, est très-com pétent dans les matières qu'il traite beaucoup plus compétent que M. Plimsol

(1) *The Plimsoll Sensation, a Reply.*

marchand de charbon du comté de Derby. Il bafoue agréablement la sensibilité de M. Plimsoll, dont il rectifie les appréciations, et ses chiffres, dont il signale les contradictions. Peut-être la bonne humeur de M. John Glover l'emporte-t-elle un peu loin, lorsqu'il prend philosophiquement son parti d'une noyade annuelle de 1,500 marins. « Nous avons, dit-il, environ 300,000 marins à bord des navires anglais, et la mortalité annuelle est estimée de 12,000 à 16,000. Mais sur ce nombre il n'y a pas plus de 1,500 noyés, en sorte que la noyade par naufrage est *la moindre* de toutes les causes de mortalité. » Ce placide calcul d'armateur, qui élimine même les passagers, témoigne d'un équilibre de nerfs assez remarquable. Il est certain que nous sommes tous mortels, les marins ne sont pas exemptés de la loi commune, et il importera médiocrement, dans un demi-siècle, qu'ils soient morts de noyade ou de maladie. Ce n'est donc pas la peine de se troubler d'une proportion de 10 p. 100. Seulement je me représente un ingénieur de chemin de fer appliquant le même procédé de raisonnement, et soutenant la thèse suivante : « Nous avons 10 millions de Français, plus ou moins, qui voyagent sur les chemins de fer, et la mortalité annuelle parmi eux est d'environ 400,000. Mais, sur ce nombre, il n'y a pas plus de 40,000 victimes d'accidents, en sorte que les accidents de voyage sont *la moindre* de toutes les causes de mortalité. » Je me demande si le public qui voyage se déclarerait très-satisfait de l'argumentation.

Il est clair qu'avec cette dose de philosophie, M. John Glover trouve que tout est pour le mieux. Dans les cas d'innavigabilité trop notoires, on intentera des procès. M. Glover est fermement convaincu que « deux ou trois condamnations et quelques refus de paiement des assureurs feront plus pour guérir le mal que M. Plimsoll, et son livre, et son *bill*, et la Commission royale, et le Parlement mis ensemble. » Il oublie de dire quelle sera l'efficacité du remède des procès, si, par aventure, ce sont les assureurs qui les perdent.

On doit croire que M. Glover conclut à ne rien réformer. Point du tout. A la grande surprise du lecteur, il tourne court en terminant son écrit, et devient un réformateur aussi audacieux que M. Plimsoll lui-même. Il demande que le Parlement passe un acte qui prononce *l'illégalité absolue* des chargements de bois sur le pont, en frappant d'une pénalité les armateurs et les capitaines, et en *confisquant* les chargements sur le pont. On voit que le moyen serait assez radical. Il demande que, lors de l'engagement de l'équipage, les armateurs et les capitaines soient obligés de déclarer devant un officier spécial et d'inscrire sur les papiers du bord la description du chargement pris ou à prendre, *ainsi que le tirant d'eau au-delà duquel le navire ne sera pas immergé* (1). Il demande qu'on se hâte de rendre plus sévères *les règlements* des registres de classification des navires. Il demande enfin qu'on réforme de fond en comble les institutions judiciaires de la Grande-Bretagne, et qu'on rende la justice aussi accessible que les bureaux de Lloyd's ou de la Banque d'Angleterre. « Sans cela, dit-il, aucune loi ne sera efficace. » Avec sa verve ordinaire de

(1) Il y a, au fond de ce vœu, une idée très-juste : la ligne du maximum de charge. C'est une des principales préoccupations des hommes spéciaux.

style, il déclare que les antiques routines de procédure, les délais, les vacances, les frais énormes font fuir par les gens avisés les tribunaux, comme ils fuient la petite vérole, et que poursuivre les autres, c'est le plus souvent se persécuter soi-même.

Nous voici bien loin, ce me semble, de ces deux ou trois procès qui devaient suffire à guérir le mal. La brochure de M. Glover est précisément l'inverse de l'apologue de la montagne en travail, et on ne lui reprochera pas d'accoucher d'une souris. Tout au contraire, il raille, il plaisante, il atténue le mal, il se moque de l'héroïsme de M. Plimsoll et de la sensibilité des cœurs tendres ; il s'accommode de tout, même de la noyade annuelle de 1,500 marins ; — et finalement il réclame des lois, des réglementations sévères, des pénalités, des confiscations de propriétés, plus la réforme radicale des institutions judiciaires de l'Angleterre. C'est la souris qui veut accoucher d'une montagne.

J'ai attaché de l'importance au curieux écrit de M. Glover, ne sachant pas de justification plus éclatante de l'entreprise de M. Plimsoll que cette réfutation violente. Il faut que le mal soit bien profond et bien patent, pour qu'un armateur, blessé au vif, partisan résolu de la liberté des constructions et des armements, soit amené à de telles conclusions. Je trouve, au surplus, la même démonstration à chacun des paragraphes du rapport de la Commission royale; partout le mal est reconnu, indiqué, énergiquement décrit, et je reproduis la question posée dans la première partie de ce travail : Est-il vrai qu'il n'y ait aucun remède?

Je réserve, pour l'examiner ultérieurement, la grosse difficulté, celle de la surveillance des constructions mêmes, celle des visites préalables et périodiques de l'état des armements, celle de l'ingérence de l'autorité dans la liberté des entreprises commerciales et dans « le génie inventif du constructeur. » J'admets qu'il puisse y avoir sur ce pont des divergences d'opinions et de doctrines; mais je vais traiter deux ou trois questions spéciales sur lesquelles je n'admets pas la même controverse, estimant que le législateur soucieux de la vie des hommes a l'impérieux devoir d'intervenir.

LES CHARGEMENTS SUR LE PONT.

Il n'y a rien de mieux démontré que le danger qui résulte des chargements sur le pont. La manœuvre, la vue, la circulation même des hommes, en sont gênées. En outre, je n'ai pas besoin d'entrer dans des détails techniques et je me ferai comprendre des personnes les plus étrangères à la marine, en disant que le centre de gravité de l'ensemble est déplacé par ces entassements ; conséquemment, sous l'action des vents violents et des vagues furieuses, le navire, mal pondéré, s'incline sans se redresser. Il chavire et engloutit son équipage. Quand il s'agit des bois légers du Nord de l'Europe, ce péril n'est pas considérable, et il peut être conjuré par un supplément de lestage qui rétablit le centre de gravité. C'est l'usage des pays scandinaves, qui produisent à la fois le fer et le sapin. Un lot de fer, disposé à fond de cale, fait contre-poids à la surcharge de bois. D'ailleurs, vienne la tempête, il sera aisé de se débarrasser de la surcharge en jetant à la mer des planches déjà débitées qui encombrent le pont.

Dans ces conditions, la pratique immémoriale de la Suède n'intéresse guère que les assureurs, sans compromettre gravement la vie des hommes. Mais il en est tout autrement des grandes pièces de bois de construction, d'un poids et d'un volume peu maniables, qu'expédient les ports de l'Amérique du Nord, sans que la surcharge puisse être compensée par un lest en fer. Ici, la stabilité manque complétement au navire, et le danger est très-notable.

Ce danger a été reconnu depuis longtemps, et bien avant l'agitation actuelle. Le commerce a cependant continué ses néfastes pratiques. La Commission royale rappelle qu'une enquête ouverte en 1839 avait établi dès lors à quelles terribles souffrances et à quels périls elles exposent les équipages. « La cause première de ces calamités fut unanimement attribuée à l'usage de porter de lourds chargements de bois sur le pont. » Une autre commission des naufrages, instituée en 1843 par la Chambre des Communes, émettait l'opinion que « nul navire ne peut être réputé navigable, si son pont supérieur est encombré d'un chargement quelconque. » La législature du Canada vient de promulguer une loi pour proscrire ces chargements, au moins pendant l'hiver. La Commission royale résume les témoignages conformes recueillis par elle-même, et les aveux des armateurs. Et c'est en présence d'une telle unanimité d'information qu'elle hésite, qu'elle s'abstient, qu'elle ajourne, se bornant à dire, pour toute conclusion : « Nous nous proposons de revenir *plus tard* sur ce sujet. »

Pourquoi cette timidité ? J'en vois trop clairement les motifs. Les armateurs anglais ont exprimé l'appréhension qu'une interdiction ne favorisât les navires étrangers dont les capitaines continueraient de charger sur le pont. Ainsi, c'est la question de concurrence de pavillon qui vient se mettre en travers de la question d'humanité. La fière Angleterre a si bien propagé les principes de la libre concurrence qu'elle n'est plus maîtresse chez elle, qu'elle ne se sent pas libre elle-même de protéger la vie de ses marins. Je note cette observation. Nous la retrouverons partout.

Je prends l'objection pour ce qu'elle vaut, je ne saurais croire qu'elle résistât longtemps à la ferme volonté d'en triompher. Si l'Angleterre se donnait le mérite de l'initiative d'une conférence entre les représentants des nations maritimes pour rechercher en commun les moyens de protéger la vie des marins, serait-il possible qu'aucune nation refusât son concours ? On a eu déjà de ces conférence pour un code de signaux, pour concerte les règles destinées à prévenir les aborda ges, pour les mesures sanitaires, pou abolir la course, pour amener la conven tion de Genève. Le seul effort de faire u grand pas de plus dans cette voie d'hu manité serait un honneur. A défaut d'autr résultat, j'aurais aimé que la Commissio royale manifestât au moins hautement pour excuser la nullité de ses conclusions le vœu d'une telle conférence internatio nale. Elle n'en a rien fait. Elle a préfér endormir l'attention publique.

Je demande à introduire dans la dis cussion, et, s'il plaît à Dieu, dans les tra vaux de la future conférence, une idé neuve et qui me semble très-féconde, cell d'employer tout simplement, comme moye de protection de la vie des marins, — l douane. Ne serait-ce pas ennoblir singu lièrement la fiscalité que de la mettre au service de l'humanité ? La chose me paraît facile et d'une efficacité plus certaine que toutes les interdictions, les poursuites et les amendes. Que l'on frappe, par exemple, d'un droit de douane extraordinaire tout chargement de bois de l'Amérique dont une partie aura été empilée sur le pont, il n'y aura pas autre chose à faire que de calculer le taux du droit de manière à décourager la spéculation abusive. Le capitaine ne charge sur le pont, au péril de sa manœuvre et de sa vie, que pour augmenter le produit du fret. L'abus cessera de lui-même dès qu'on aura calculé que l'excédant de droit de douane enlèvera le profit de l'opération imprudente. J'ajoute que le capitaine n'y perdra rien ; le taux du fret, limité à la capacité de la cale, devra s'élever. L'armateur et le chargeur réaliseront aussi une économie sur l'assurance, les dangers de la navigation étant moindres. La difficulté peut être de déjouer la fraude qui consisterait à éluder le droit au moyen de dunettes allongées, de *spardecks* ou de ponts superposés (1). C'est une fraude trop apparente pour qu'il me paraisse malaisé de l'atteindre par des dispositions bien rédigées. Elle est déjà combattue avec succès par la nouvelle méthode de jaugeage.

Les hommes compétents qui rédigeront la loi douanière apprécieront quels autres chargements sur le pont présentent un danger sérieux et quelles immunités doivent être accordées. Il est clair que cer-

(1) Les *spardecks* ou ponts supérieurs, si on les remplit de marchandises lourdes, sont un des plus grands dangers de la navigation. Ils détruisent la stabilité du navire, ils sont même plus dangereux que les chargements sur le pont, parce qu'ils rendent plus difficile de se débarrasser de la surcharge par un jet à la mer.

taines marchandises inflammables, comme des acides ou des phosphores, doivent être chargés sur le pont, dans l'intérêt même de la sécurité de l'équipage. Il suffit que le pont n'en soit pas démesurément encombré. Il est clair aussi que nul n'imaginera de trouver mauvais que les bateaux à vapeur qui font de courtes traversées continuent de charger sur leur pont, disposé à cet effet, du bétail vivant qu'il est si facile de jeter à la mer au premier danger. On a beaucoup ri, de l'autre côté de la Manche, en voyant la Commission royale mêler sérieusement à cette question des chargements sur le pont celle du transport du bétail entre l'Angleterre et l'Irlande.

LES CHARGEMENTS DE BLÉS EN VRAC (1).

L'étonnement fut grand en Europe quand, à la fin de l'année 1859, après une récolte insuffisante comme celle dont nous souffrons aujourd'hui, on apprit que l'Amérique allait être un grenier d'approvisionnement, disputant le marché des céréales aux provinces méridionales de la Russie et de la Hongrie. On vit des flottes entières de navires de tous pavillons aller charger des grains dans les ports des États-Unis et du Canada. L'Amérique fut pour l'Angleterre et la

(1) On appelle chargements *en vrac* ou en grenier, ceux des marchandises entassées sans aucune enveloppe, sans aucune division en sacs, caisses ni colis quelconques.

France ce qu'était autrefois la Sicile pour les Romains affamés. Ce secours fut extrêmement précieux. Malheureusement, il coûta la vie à beaucoup de marins. Le nombre de navires chargés de grains qui disparurent avec leurs équipages en traversant l'Atlantique fut considérable.

L'étonnement fut plus grand encore lorsqu'on vit le commerce aller chercher des grains jusqu'au Chili, jusqu'en Californie. Assurément, c'était le produit qu'on était le moins en droit d'attendre de cet État improvisé de San-Francisco, créé en quelques années par les aventuriers de toutes les nations qu'agitait la fièvre de l'or. Comment cette société bigarrée, où les prolétaires chinois coudoient ceux de Montmartre et de Belleville, s'est si rapidement disciplinée, comment les chercheurs d'or se sont transformés en agriculteurs, c'est une des plus surprenantes merveilles de notre temps. Il faut que la nature ait singulièrement favorisé ce sol privilégié pour que, malgré la cherté de la main-d'œuvre, le froment, et un froment magnifique, s'y récolte à un prix qui permet l'expédition vers la vieille Europe. Encore est-il impossible de baser une spéculation, à de telles distances, sur nos besoins accidentels et les hauts prix qu'ils amènent. Avant le télégraphe et le grand chemin de fer américain, les ordres d'achat ne parvenaient pas en moins de deux ou trois mois. Le chargement et la traversée en exigent six ou sept. C'était une opération au terme de près d'une année, qui se réalisait quand une moisson nouvelle avait pu ramener chez nous l'abondance. Néanmoins, les expéditions de blés de San-Francisco ont suivi un cours régulier. Elles sont entrées dans les habitudes commerciales comme celles de la mer Noire, et emploient constamment un nombre notable des plus grand navires. Or, on a constaté qu'en dépit de la longueur de la traversée et des tempêtes du cap Horn, ces expéditions, à de très-rares exceptions près, ont eu toujours une issue heureuse. Je crois qu'on n'en cite qu'une seule qui ait été fatale à l'équipage. Les expéditions de New-York et du Canada, au contraire, quoique ne demandant qu'un mois à peine de traversée, ont été signalées par de très-fréquentes catastrophes. Comment expliquer cette apparente anomalie ?

L'explication, la voici, elle est incontestable et notoire. Les grains de San-Francisco sont toujours mis dans des sacs avant d'être chargés. Les grains de New-York et du Canada sont le plus souvent chargés en vrac. Il n'est pas besoin de chercher ailleurs. Les sacs juxtaposés, soigneusement arrimés, s'appuyant les uns sur les autres, gardent une cohésion qui résiste aux plus violentes secousses des vagues. Ils maintiennent imperturbable le centre de gravité de la masse flottante et partant la stabilité du navire. Le grain en vrac, introduit par les panneaux au moyen d'un entonnoir, a beau être étendu et pelleté par des ouvriers dans la cale, il s'y distribue inégalement avec des degrés divers de densité. Les panneaux refermés et le navire mis en mer, des tassements s'opèrent, le grain roule, le centre de gravité se déplace. Viennent les secousses de la tempête, le grain des couches supérieures s'accumule du côté où le navire s'incline pour ne plus se relever. Souvent aussi, quand une voie d'eau se déclare, le grain des couches inférieures engorge les pompes, qui ne peuvent plus fonctionner. L'eau gagne, le navire coule, et, si une voile libératrice n'est pas rencontrée à temps, l'équipage est englouti.

Encore une fois, ces faits sont notoires, ils se répètent toujours semblables, ils sont d'une fréquence désolante, ils sont décrits avec précision par tous les marins qui ont survécu aux désastres. Le croirait-on ? la Commission royale n'en a pas dit un mot et semble les ignorer après six mois d'enquête ! A la vérité, M. Plimsoll, trop préoccupé, sans doute, de ses charbons de Derby, n'en a pas parlé davantage. Pourtant, la plupart des quarante bateaux à vapeur disparus l'hiver dernier étaient chargés de grains en vrac, et il est avéré que les formes allongées des vapeurs leur rendent particulièrement funeste ce mode de chargemen. A l'heure où j'écris, on désespère déjà de l'arrivée d'un certain nombre de vapeurs chargés de grains en vrac, car la détestable pratique a continué malgré tous les enseignements de l'expérience.

J'ai causé avec le représentant des armateurs de deux des vapeurs à longues formes qui ont péri l'hiver dernier. L'équipage de l'un d'eux ayant été sauvé, l'armateur avait connu toutes les circonstances de la perte et n'avait aucun doute qu'elles ne fussent les mêmes pour l'autre. Il s'en faisait un moyen de défense, parce qu'on reprochait à ses navires de manquer de solidité de construction. « Nous savons parfaitement, » me disait-il, « la cause des deux désastres, elle ne prouve rien contre la solidité de la construction. *Le chargement de grains a remué*, s'est désarrimé et jeté de côté. — Comment ! m'écriai-je, vous savez la cause et vous continuez de compromettre ainsi la vie de vos hommes ? — Que voulez-vous ? répliqua tranquillement mon interlocuteur, nous faisons du commerce, nous prenons le fret qu'on nous offre, nous n'avons pas la prétention de faire mieux que nos concurrents, et, aussi longtemps qu'on trouvera des assureurs, on continuera. C'est une question de prime d'assurance. »

J'accuse ici un peu tout le monde, les armateurs, les chargeurs, les importateurs, les capitaines, les assureurs. Tous ont cependant leur excuse : la concurrence, et, par surcroît, l'usage. Les armateurs disent, comme on vient de le voir, qu'il leur faut bien utiliser leurs navires, et qu'ils ne peuvent pas se montrer plus exigeants que leurs rivaux. Les chargeurs disent qu'on leur a commandé de charger du blé, qu'ils exécutent leurs ordres en se conformant à l'usage du lieu, qu'ils ne sont pas marins et n'entendent rien aux dangers de la navigation. Les importateurs, souvent négociants de l'intérieur, disent, à plus forte raison, qu'ils sont étrangers aux choses maritimes et ne s'occupent que de leur spéculation de blé. Les capitaines disent que leur profession est toujours périlleuse, qu'ils craindraient d'être taxés de pusillanimité, et peut-être remplacés dans leur commandement, s'ils refusaient ce qu'acceptent leurs confrères. Les assureurs, enfin, disent qu'ils n'ont pas mission de faire la police de la navigation, mais seulement d'en apprécier les risques; ils demandent pourquoi ils auraient à se substituer aux gouvernements quand les gouvernements s'abstiennent. Ils objectent aussi la concurrence cosmopolite, et font observer que, pour être efficace, leur action exigerait le concert, à la fois nécessaire et impossible, de tous les assureurs de toutes les nations. Je reviendrai plus loin sur cette intéressante question des assurances, traitée fort étourdiment par M. Plimsoll, et avec un peu plus de profondeur par la Commission royale d'Angleterre.

Nous sommes donc en présence d'un crime constaté de lèse-humanité, dont tous les coupables nous échappent en se renvoyant la faute les uns aux autres. Eh bien, je dis que les vrais coupables sont les gouvernements qui, pouvant si aisément empêcher ces choses, ne les empêchent pas. Je dis que ce devrait être une affaire de police, et que les gouvernements ont dans leurs attributions la police. Du reste, point ne serait besoin d'un grand appareil de répression, de pénalités, de tribunaux ni de gendarmes. C'est encore tout simplement à la douane que je demande le remède, infaillible et facile.

Qu'un droit de douane, calculé de façon à compenser, et au delà, la sordide économie des sacs, atteigne les chargements de blés en vrac, il n'en faudra pas davantage. Le commerce saura faire aussitôt son compte, et l'industrie de la fabrication des sacs prendra un rapide développement. On n'entendra plus parler de cargaisons désarrimées ni de pompes engorgées; le cours des assurances baissera, on n'aura plus à déplorer la fréquence des disparitions de navires et d'équipages. Ce n'est pas plus difficile que cela.

Je remarque avec satisfaction que, dans les ports de chargement de l'Amérique, il y a une amélioration, et que l'emploi des sacs est en progrès. Il est curieux d'en donner la raison, parfaitement étrangère aux considérations humanitaires. Les importateurs d'Europe achetaient le blé sur les poids constatés en

Amérique. Ils se sont aperçus que les cargaisons en vrac laissaient, dans le rendement, un déficit considérable. Les grains soutirés par les pompes, restés dans le vaigrage ou au fond de la cale, enlevés par le vent dans les manutentions, causaient ce déficit, sans parler de la saleté des balayures et de la mouille des couches inférieures. Alors les plus avisés ont résolu de n'acheter que sur les poids du rendement à la livraison en Europe. Les chargeurs ont su aussitôt trouver des sacs, qui préviennent toutes ces déperditions. Ils n'ont pas même eu à en faire la dépense, les sacs appartiennent d'ordinaire au navire, qui peut les utiliser plusieurs fois. Le capitaine les revend s'il renonce à transporter des grains. On voit à quel point tout cela est simple et conforme aux plus manifestes intérêts d'un bon commerce. On voit si l'autorité léserait ces intérêts en intervenant pour empêcher absolument un mode vicieux de chargement. Elle n'interviendrait pas trop tard. Le progrès, non encore généralisé, que je signale pour les ports de l'Amérique, n'a point gagné ceux de la mer Noire, où se perpétue la vieille et funeste routine, par tradition de ce qui se passait lorsqu'on n'avait à charger que des navires à voiles d'un médiocre tonnage.

Il y a bien un moyen de diminuer sensiblement le danger des chargements en vrac, c'est de diviser la cale en compartiments, par des bardis ou cloisons qui empêchent le grain de rouler. Il est clair que, pour que le moyen soit efficace, tout dépend de la bonne confection et de la solidité des cloisons. Comme elles sont souvent abandonnées à la discrétion des capitaines, lesquels sont plus ou moins habiles, plus ou moins économes, plus ou moins prudents et ne disposent pas toujours de matériaux convenables, je ne saurais voir là une garantie suffisante. Les cloisons séparatives laissent d'ailleurs subsister le danger de l'engorgement des pompes. Dans les ports des États-Unis, il y a des règles établies pour l'installation des cloisons ; il y a des inspecteurs chargés de veiller à l'observation des règles. On va voir ce qu'il faut penser de toute cette réglementation. J'ai entre les mains le rapport d'un homme très-compétent, M. Mackie, agent des assureurs anglais à New-York, rapport rédigé en octobre dernier, et qui vient d'être publié à Londres. C'est un traité fort étendu, fort savant, trop savant peut-être, sur la matière. L'auteur décrit énergiquement les dangers du tassement et du déplacement des grains ; il les traduit en formules algébriques ; il les rend plus sensibles au vulgaire des lecteurs par des planches figuratives qui montrent avec une effrayante précision les déplacements du centre de gravité, même dans des cales cloisonnées. Arrivant à l'examen des procédés préservatifs qu'il voit fonctionner sous ses yeux, il s'exprime de la manière suivante : « Tout dépend de l'inspecteur ; il n'est pas guidé par les règles, il en est l'interprète... Celui qui a tracé ces règles paraît avoir *absolument ignoré* les périls à combattre, les forces à vaincre, et aussi la force des matériaux à employer... Le défaut criant de toutes ces règles est l'insuffisance de force des cloisons... Même telles qu'elles sont tracées, on ne songe, dans la pratique, qu'à les éluder...; on ne fait que ce qui est le plus commode et le plus économique, etc., etc. »

Voilà l'opinion d'un homme qui assiste

aux chargements ; voici celle d'un homme qui assiste aux déchargements. Un négociant fort intelligent m'écrit ce qui suit, d'un des ports français où l'on reçoit le plus de grains. Il ne s'aperçoit pas qu'il condamne le moyen, au moment où il le recommande. « Il existe un moyen *absolument efficace* pour assurer la stabilité d'un bâtiment chargé de grains, c'est de lui faire un double bardis divisant la cale dans sa longueur en trois compartiments. Mais il faut que ces bardis soient solidement confectionnés *avec des planches plus épaisses que celles dont on se sert ordinairement* et aient au moins cinq pieds de hauteur. J'ai vu bien des bardis à bord des navires à voiles ; *généralement ils sont insuffisants comme force et comme hauteur*. Quant aux bâtiments à vapeur, la plupart n'en mettent point..... l'expérience prouve tous les jours qu'ils ont tort d'agir ainsi et qu'ils négligent les règles de la plus simple prudence.

«Je connaissais parfaitement le capitaine Decoster, commandant le vapeur *Persévérance*, qui vient de périr dans la Baltique avec une partie de son équipage. Il disait hautement qu'à bord des vapeurs, le bardis est inutile, et cependant son navire s'est perdu *parce que la cargaison est tombée sur le côté*, et son entêtement lui a coûté la vie.» Ainsi le moyen absolument efficace est généralement insuffisant, lors même que les capitaines ne s'entêtent pas à le dédaigner.

Je ne puis mieux clore les considérations que je présente sur le danger des chargements de blé en vrac qu'en citant ce nouveau désastre. Pendant que je tenais la plume pour décrire le danger, l'équipage d'un vapeur français périssait, *parce que la cargaison est tombée sur le côté.*

Un autre vapeur, se dirigeant de la mer Noire vers un port de France, périssait par la même cause. Le mousse seul a été sauvé. On enregistrait la disparition avec tout son équipage d'un troisième vapeur, sous pavillon anglais, l'*Ismaïlia*, parti de New-York pour l'Europe. Est-ce assez d'actualité ? Et puisqu'il est avéré que ces pauvres marins, par je ne sais quelle forfanterie de témérité, sont sourds à tous les avertissements, ne dois-je pas appeler à leur secours l'autorité tutélaire, en m'écriant : Caveant consules !

Il y a, j'ai hâte de le dire, quelques maisons d'élite, se consacrant spécialement à l'importation des grains, qui savent prendre les précautions nécessaires. Je citerai avec plaisir des négociants très-considérables et très-honorables d'Anvers, MM. David Verbist et Cie. Ils possèdent une flottille de bateaux à vapeur dont le trafic, presque exclusif, est d'aller charger des grains ou des graines dans la mer Noire. Aussi leurs bâtiments sont pourvus d'aménagements particuliers en vue de cet emploi : ils ont une installation complète de cloisons mobiles très-solides, qui s'enlèvent et s'adaptent à volonté, au moyen de dispositions pratiquées dans la construction même. Quand le navire, se dirigeant vers la mer Noire, prend un chargement que ces cloisons gêneraient, le capitaine les démonte et les emporte, pour les rajuster quand il en sera besoin. Un succès éclatant a couronné ces sages précautions : les navires de MM. David Verbist et Cie, sauf les périls inséparables de toute navigation, opèrent leurs traversées avec une régularité remarquable. C'est là le grand commerce, noblement et intelligemment fait, et respectueux de la vie des marins. Par malheur, c'est exceptionnel, et l'on comprend d'ailleurs que de telles installations, qui exigent des dépenses notables de premier établissement, ne sont pas à la portée de tous les armements. Comment les demander aux capitaines qui s'engagent accidentellement pour un transport de grains ? La dépense des sacs serait certainement moindre que celle d'un aménagement de cloisons suffisamment protecteur.

Ici, pourtant, une objection grave m'a été faite contre l'emploi des sacs pour les provenances de la mer Noire. Les blés, dit-on, descendent des lieux de production aux ports de chargement dans des bateaux non pontés ou des wagons à ciel ouvert, exposés aux intempéries. Ils restent empilés sur des quais, encore exposés aux intempéries ; ils ont contracté un principe d'humidité qui ne permet pas de les mettre en sacs sans un risque notable d'échauffement et d'avarie. Force est donc de les charger en vrac, ce qui diminue le danger de l'échauffement pendant la traversée.

Malgré la confiance que m'inspire la source de ces informations, j'ai peine à ne pas les croire exagérées. Ma raison se refuse à considérer comme un fait normal le chargement de blés mouillés ou humides. En tout cas, ce serait un usage tellement fâcheux, accusant des habitudes locales tellement vicieuses, qu'il faudrait applaudir aux mesures qui tendraient à les réformer. C'est toujours, je le répète encore, par son intérêt qu'il faut agir sur le commerce en général. Le commerce comprend ce langage de l'intérêt plus aisément que tout autre. Si, dans les pays de consommation, les gouvernements, dominés par la question d'humanité, à laquelle je joindrais volontiers la question d'alimentation, s'entendaient pour favoriser, au moyen d'une taxe de douane, l'importation des blés en sacs, je suis profondément convaincu que, de conséquence en conséquence, on arriverait vite, dans les pays de production, à réformer ces procédés barbares de transport sous la pluie ; on aurait des bateaux pontés, des wagons fermés et des magasins couverts; on s'arrangerait pour charger à Odessa des blés secs, qu'on pourrait ensacher comme ceux des États-Unis ; on verrait peut-être même bientôt les sacs remonter les rivières ou se fabriquer dans l'intérieur, au grand profit de tout le monde. Si je me trompe, si la nature des blés de Russie doit continuer de demander le chargement en vrac, il est clair qu'on n'a plus que la ressource des cloisons; mais il est clair aussi que l'autorité a le droit de veiller à ce que les cloisons soient une protection efficace, et non une formalité vaine.

Le correspondant français dont je parlais plus haut terminait sa lettre en écrivant : « Je pense qu'il dépend des assureurs de mettre un terme à ces nombreux désastres en imposant dans leurs contrats, aux capitaines qui prennent des chargements de grains, l'obligation de diviser leur cale avec deux bardis. » Cette proposition est bien irréfléchie. A quoi servira-t-il d'imposer l'obligation du cloisonnement si l'opération est mal faite, si elle est presque toujours défectueuse, si les assureurs sont dans l'impossibilité d'en surveiller la bonne exécution? En outre, la proposition, écho de préjugés trop répandus, me ramène à la question générale des assureurs, que j'ai promis de traiter après M. Plimsoll et la Commission royale.

LES ASSUREURS.

Il n'est guère d'industrie plus mal connue, dans ses principes, de ceux qui ne l'exercent pas, peut-être d'une bonne partie de ceux qui l'exercent, que celle des assurances. Si j'examine en elle-même la proposition de mon correspondant, il me semble tout d'abord que je pourrais dire plus justement : Il dépend des armateurs, il dépend des capitaines, il dépend des chargeurs, il dépend des importateurs de mettre un terme à ces nombreux désastres, etc. Les uns et les autres allèguent les nécessités de la concurrence. Est-ce que les assureurs n'ont pas la même excuse? est-ce qu'ils sont tenus d'introduire seuls le sentiment dans leurs affaires, d'être plus soucieux de la vie des marins que les armateurs et les capitaines ?

Mais, dit-on, les assureurs, en protégeant la vie des marins, protégeront leurs propres intérêts. C'est ici que je saisis l'erreur et le préjugé. Les assureurs, pris en corps, n'ont aucun intérêt à diminuer à l'avance les risques de la navigation, puisque ces risques sont la matière de leur trafic. Ils ont seulement intérêt à les bien connaître, afin d'y proportionner leurs primes. Tout risque supprimé est un bienfait pour le commerce en général et pour l'humanité, mais est pour les assureurs un élément de trafic de moins ; tout risque nouveau qui se révèle est un élément de trafic de plus ; à toute diminution ou à toute augmentation du risque doit correspondre fatalement une réduction ou une hausse du taux de l'assurance. Telle est la vérité du principe. Si de progrès en progrès on arrivait à réaliser l'idéal, infiniment souhaitable, d'une navigation sans risques, on supprimerait au même instant l'industrie des assureurs maritimes.

On est bien loin de cet idéal pour la navigation. On en est bien près pour les transports par chemins de fer. Aussi les milliards de valeurs qui circulent sur les chemins de fer échappent au trafic des assureurs. Qui songe à faire assurer la marchandise qu'il attend du Havre, de Bordeaux ou de Marseille par le chemin de fer? Il y a même des navigations dont les risques sont assez restreints pour ne plus donner un souci sérieux aux intéressés. La plupart des immenses échanges qui se font entre l'Angleterre et la France à travers le détroit ne sont pas assurés, à moins que la marchandise n'ait une destination plus lointaine, auquel cas la traversée du détroit est comprise *gratuitement* dans l'assurance, comme un accessoire sans importance. La perte totale du paquebot de Boulogne, par une collision ou un naufrage, est cependant toujours possible. On n'en a pas d'exemple, on ne s'en inquiète pas, on ne s'embarrasse pas d'aller déranger les assureurs pour si peu.

J'ai rendu hommage à la merveilleuse sécurité qu'a présentée la navigation des paquebots-poste du Lloyd autrichien et des Messageries nationales. Le lecteur ignorant de ces matières a pu croire que les assureurs réalisent de magnifiques bénéfices sur l'assurance de ces navires. Point du tout. Les paquebots ne sont point assurés. Les Compagnies propriétaires font l'économie de la prime.

Il surgit fréquemment des inventeurs au génie méconnu, trop souvent rêveurs, toujours besoigneux, qui croient avoir trouvé des moyens de supprimer certains dangers de la navigation. Sous l'influence du préjugé que je signale, ils ne manquent jamais de venir frapper à la porte des assureurs maritimes, demandant des subsides pour continuer l'application de leurs procédés. Je sais un assureur expérimenté, particulièrement en butte à ces visites, qui ne manque jamais à son tour de les accueillir de la manière suivante. Arrêtant le visiteur dès les premiers mots, il lui dit : « Vous vous trompez d'adresse. Je vis des risques de la navigation, comme l'avocat vit de procès et le médecin de maladies. Veuillez être persuadé que je suis assez bon citoyen et assez humain pour souhaiter vivement la suppression de tous les dangers de la navigation ; mais comprenez que ce serait la suppression de mon industrie. Je ne puis vraiment pas subventionner des deniers de mes actionnaires les efforts qui tendent à ce but. Si vous aviez découvert un moyen de guérir radicalement la myopie, vous n'iriez pas demander des subsides aux fabricants de lunettes. Adressez-vous aux armateurs, aux capitaines, aux négociants, aux chambres de commerce, vous rencontrerez là partout un intérêt manifeste au succès de votre invention. Chez nous seuls vous ne rencontrerez pas cet intérêt. » — Le visiteur se retire déconcerté et n'a jamais rien trouvé à répliquer.

Il y a quelques années, un inventeur de cette espèce avait imaginé je ne sais quelle poudre qu'il suffisait de jeter sur le feu pour éteindre tous les commencements d'incendie. La chose s'appelait l'Extincteur et réussit à séduire quelques naïfs. Naturellement il commença par offrir sa poudre aux Compagnies d'assurances contre l'incendie. Le cadeau ou plutôt l'emplette leur eût été funeste, et elles auraient eu intérêt à étouffer, non l'incendie, mais le secret. Supposez le succès complet, les Compagnies d'assurances perdaient leur clientèle et n'avaient plus qu'à se liquider. Il est certainement plus agréable de n'avoir pas le feu chez soi que d'obtenir la réparation du dommage, et chacun eût fait volontiers l'économie de sa prime d'assurance en se munissant d'un flacon de la poudre merveilleuse.

En ce moment, le conseil municipal de Paris est saisi d'une proposition d'un de ses membres qui repose sur une idée pareillement fausse. Il s'agirait de taxer les Compagnies d'assurances pour subvenir au service des pompes et à l'entretien des pompiers. Au premier abord, bon nombre de gens qui ne réfléchissent pas trouvent cela fort juste. Rien ne serait au contraire plus inique. Apparemment les propriétés *qui ne sont pas assurées* sont protégées par les pompiers autant et plus que les autres, et il serait singulièrement choquant de faire payer par les Compagnies la garantie des propriétaires qui ont refusé de recourir à elles. En outre, les Compagnies, par le jeu naturel de la concurrence, ont nécessairement pris en considération, pour fixer leurs tarifs, l'état d'organisation des secours. Les primes sont très-basses à Paris, précisément parce que les secours y sont prompts, habiles et dévoués. Ce serait un double emploi, un *bis in idem* que de faire payer aux assureurs l'organisation de ces secours, ce serait les obliger à augmenter leurs primes en se récupérant de la taxe sur leurs clients, ce serait rendre plus choquante encore l'immunité dont jouiraient les propriétés *non assurées*. — Le service des pompes est manifestement un service public à la charge du budget municipal. Il profite à tous; indirectement, par la diminution de la prime, aux propriétaires qui recourent à l'assurance, directement à ceux qui s'en dispensent. Qu'on veuille bien comprendre une fois pour toutes que l'industrie de l'assureur n'est pas autre que d'apprécier les risques tels qu'ils sont, et d'y proportionner la prime.

Je reviens aux choses maritimes, et reprenant pour exemple la détestable pratique des chargements de blés en vrac, j'espère que je vais donner une rigueur mathématique à la démonstration de ma thèse. Je suppose établi par l'expérience que le chargement en vrac crée, en sus des dangers inévitables de la navigation, un risque supplémentaire de perte corps et biens évalué à deux pour cent. Deux pour cent, c'est énorme pour l'humanité! Deux équipages de quarante hommes chacun, sinon davantage, qui auront péri par une cause connue et prévue d'avance, que l'on pouvait éviter, sur une flotte de cent navires, en apportant du blé à nos greniers appauvris, c'est un épouvantable sacrifice! Deux pour cent, c'est fort peu de chose, si la marchandise est en hausse, pour la spéculation commerciale. Il est clair que l'assureur fera correctement son métier en augmentant sa prime de deux pour cent, moyennant quoi il attendra d'un cœur léger les catastrophes, avec la satisfaction d'une bonne conscience et du devoir professionnel accompli. En sa qualité d'assureur, on n'a rien autre à exiger de lui. Passons à la contre-partie : le négociant assuré, le spéculateur en blé. Celui-ci fera son compte. Il calculera si l'achat ou la location des sacs lui représente, en dépense et en embarras, plus ou moins que l'augmentation de prime de deux pour cent. Dans le cas où ce sera moins, dirigé par son intérêt il commandera des sacs. Dans le cas où ce sera plus, il continuera de recevoir des chargements en vrac, toujours dirigé par son intérêt, en subissant l'augmentation de prime de deux pour cent. Il sera, lui aussi, dans son rôle et dans l'exercice normal de sa profession. C'est le commerce. Pas plus que l'assureur il ne se croira tenu de se troubler du sort des hommes.

Notez que j'ai supposé l'assureur éclairé par l'expérience, prudent, habile dans son métier. Il me faut ajouter qu'il y a nombre d'assureurs ignorants ou téméraires, plus hardis parieurs que d'autres. Il y en a de nouveaux venus qui n'ont pas su apprécier le danger. Il y en a qui, s'ennuyant de chômer, sont aisément amenés aux concessions. Il y a enfin tous les entraînements de la concurrence. Le négociant ardent à la poursuite du bon marché finira, en cherchant bien, par rencontrer quelque part l'assureur accommodant qui se contentera de moins de deux pour cent, ou même qui ne s'informera pas du mode de chargement.

On voit à quoi se réduisent les garanties qu'on peut attendre des assureurs, pour la protection de la vie des marins.

M. Plimsoll a cru traiter cette question. Il s'est évertué à décrire le fonctionnement des assurances autour des tables de Lloyd's et à montrer aux badauds de l'intérieur les *fac-simile* des souscriptions et des signatures. Il a conclu que les assureurs ne pouvaient rien pour diminuer les dangers de la navigation, parce qu'après un désastre suspect de fraude, de faute personnelle ou d'incurie, ils ne peuvent pas plaider utilement et sont toujours contraints de payer. C'est prendre la question par un côté bien étroit; c'est faire, à rebours, comme M. John Glover, lequel voit le salut de la navigation dans deux ou trois procès. Je conçois à merveille que les assureurs qui auront garanti, sciemment, un chargement de blé en vrac, auront mauvaise grâce à soutenir que le désastre a eu lieu par la faute des chargeurs ou du capitaine, la cargaison s'étant désarrimée. Ils seront sages de payer sans plaider, et, s'ils s'imaginent de plaider, ils paieront encore, et justement, avec les frais de plus. — M. Plimsoll a, décidément, la vue courte.

La Commission royale a voulu faire aussi son petit cours d'assurance, et je lui rends la justice qu'elle a du moins aperçu un des horizons de la question. « Dans un centre de grandes opérations commerciales, dit son rapport, l'*assurance maritime est une nécessité*. Elle indemnise les négociants de pertes qui, sans elle, entraîneraient leur ruine; *mais elle a pour effet de les rendre indifférents aux dangers inséparables de la carrière maritime.* » Il est trop vrai que c'est le côté fâcheux d'une institution nécessaire, et que l'indifférence engendre l'incurie. Malheureusement, ce n'est pas même dire assez. L'assurance ne désintéresse pas seulement le négociant, elle lui crée le plus souvent un intérêt au naufrage, à cause de l'exagération des valeurs assurées. De là les crimes de baraterie ou de naufrage prémédité. Ils sont, à la vérité, fort rares; ils peuvent être découverts et sévèrement châtiés; mais ce qui n'est pas rare, ce qui échappe presque toujours à la répression, c'est la négligence parcimonieuse ou téméraire qui produit les catastrophes. Il y a un certain nombre de sociétés d'armement qui possèdent assez de navires pour se dispenser de les faire assurer. La proportion des naufrages qui les atteignent est *à peine la moitié* de celle qui se remarque parmi les navires assurés. L'autre moitié n'a donc pas l'excuse de la force majeure, et est imputable aux incuries diverses nées du défaut d'intérêt à la conservation.

Comment remédier à ce désordre ? L'ancienne législation française s'efforçait de le prévenir, en ne permettant de faire assurer qu'une partie de la valeur des choses. Le commerce savait s'arranger pour éluder la loi. Le Code de 1807, qui nous régit, a supprimé cette restriction en autorisant l'assurance de la valeur entière, mais a encore déclaré nulle l'assurance du bénéfice espéré de la marchandise et celle du fret, qui est le bénéfice espéré du navire. Le commerce a pareillement éludé cette dernière disposition, soit en exagérant les valeurs, soit en recourant à des assurances dites *d'honneur*, non justiciables des tribunaux. Les chambres de commerce ont demandé, à plusieurs reprises, que l'assurance du bénéfice et du fret devînt licite en France, comme elle l'est en Angleterre. Ce vœu a paru assez général et assez légitime pour que, en 1867, une Commission composée en majorité de magistrats et de hauts fonctionnaires, qui préparait la révision de nos lois maritimes, ait cru devoir proposer de l'accueillir. Le projet né de ses délibérations n'a pas encore été soumis à la législature. Mais une autre Commission, instituée par une décision de l'Assemblée nationale pour étudier et proposer les moyens de venir en aide à la marine marchande, achève en ce moment ses travaux. Elle a détaché cette pierre, entre plusieurs autres, de l'édifice élevé laborieusement par sa devancière. Elle demande aussi de ne limiter par aucune restriction la faculté d'assurer tous les développements de l'opération commerciale. Elle a vu là un besoin légitime à satisfaire.

Il est, en effet, assez difficile d'opposer de bonnes raisons, tirées des généralités de l'ordre public, à un négociant qui vient dire : Le simple remboursement du prix coûtant des choses ne m'indemnise pas. J'ai des commis, un loyer, une patente, des frais généraux, mon entretien, qui courent toujours. Si je ne puis pas faire assurer mon bénéfice, je risquerai d'être ruiné en deux ou trois remboursements. » Ou bien encore : « J'agis pour compte étranger, j'ai ordre de faire assurer l'opération avec son bénéfice. Si je ne le puis en France, je m'adresserai aux assureurs anglais, qui sont placés sous une législation plus libérale. »

J'ai eu l'honneur de siéger dans l'une et l'autre Commission. J'ai constaté une sorte de tendance irrésistible. Je n'ai pas essayé de lutter, faisant peu de cas des lois qu'on élude constamment, et n'hésitant pas à préférer la liberté légale à la fraude tolérée. Mais je ne me suis pas dissimulé que toute extension donnée à l'assurance est une provocation à l'incurie. Quand l'intérêt à la conservation est remplacé par l'intérêt à la perte, ce serait trop présumer des hommes que d'espérer qu'ils n'économiseront pas les précautions et la vigilance.

Il appartient sans doute aux assureurs de restreindre eux-mêmes dans certaines limites les dangereux abus de l'exagération des valeurs, et c'est une des principales préoccupations de l'assureur habile Par malheur, les moyens de contrôle des valeurs lui échappent le plus souvent, et la rapidité fiévreuse des transactions d'assurance entre deux dépêches télégraphiques exclut la possibilité d'une vérification. D'ailleurs, ainsi que je le faisais observer plus haut, tous les assureurs ne sont pas habiles ni circonspects. L'autorité n'a pas à protéger contre leurs entraînements les assureurs maladroits ou téméraires, j'en demeure pleinement d'accord ; mais puisque leurs imprudences, encouragées par la loi, sanctionnées par les tribunaux, encouragent les imprudences des armateurs et des négociants, et se traduisent en périls de mort pour les marins ; puisque je reconnais, avec la Commission royale d'Angleterre, qu'on n'a pas le droit de compter sur les effets de la vigilance des assureurs ; puisque j'ai, de plus, établi que la mission même de l'assureur le plus habile est d'apprécier les risques de la navigation, et non de les diminuer, je maintiens que l'autorité a d'autant plus le devoir d'intervenir pour protéger la vie des navigateurs.

LES CHARGEMENTS DE PÉTROLE.

Il n'y a guère de danger plus effrayant, pour l'imagination, que celui des chargements de pétrole et d'essences minérales. On s'épouvante à la pensée que, pour un maigre salaire, des hommes consentent à traverser l'Océan, séparés par un plancher de ces volcans flottants en perpétuelle menace d'éruption, hors de la possibilité d'aucun secours quelconque ; que ces hommes allument leurs pipes et leurs cuisines, voire même tiennent parfois en feu les fourneaux d'une machine à vapeur. C'est un des frappants exemples de la témérité naturelle et professionnelle des marins.

Pourtant les catastrophes sont, en fait, heureusement rares, beaucoup plus rares que celles auxquelles donnent lieu les chargements de blés en vrac. Demandez-le à l'expérience des assureurs habiles. Ils garantiront à bien meilleur marché un chargement de pétrole venant de New-York ou de Philadelphie au Havre, qu'un chargement de blé en vrac.

Je suppose que rien n'étonnera davantage le lecteur étranger aux choses maritimes. *A priori*, si ayant à prendre passage en Amérique pour la France, il n'avait le choix qu'entre deux navires, l'un chargeant du blé, l'autre du pétrole, je gage que, sans hésitation, il choisirait le prémier. Il aurait tort. Pourquoi ? Je vais le dire, et ce sera encore un argument saisissant pour ma thèse.

Le chargement de pétrole est relativement léger. Il se compose de futailles ou de caisses soigneusement arrimées, qui ne se dérangent pas, qui ne roulent pas les unes sur les autres. Le navire n'est pas trop immergé : son centre de gravité ne se déplace pas, sa stabilité sur l'eau est maintenue. Les dangers de la navigation proprement dite sont donc notablement moindres. Reste le danger de l'incendie. Or, précisément parce que ce danger spécial est effrayant et bien connu, toutes les précautions sont prises pour le conjurer. Nulle part l'autorité n'est restée inerte, nulle part elle ne s'est désintéressée en abandonnant l'invasion du pétrole à toutes les témérités de la libre concurrence. Dans les ports d'embarquement, en Amérique, comme dans les ports de déchargement, en Europe, il y a partout des réglementations sévères. Le commerce du pétrole s'en déclare gêné, cela est vrai, mais la rareté relative des accidents démontre hautement ce que la sécurité générale y gagne en sauvegarde, et l'humanité en protection. On a vu là, de l'aveu commun, une question de police et d'ordre public devant laquelle doit fléchir la liberté commerciale. — Je soutiens qu'il y a, dans les périls de la navigation, beaucoup d'autres questions d'ordre public.

III.

L'étude qui précède a été d'abord publiée par une revue littéraire, *le Correspondant*, dont les lecteurs sont presque tous étrangers aux choses maritimes. Elle appelait une conclusion que je n'ai point faite. L'avouerai-je? au moment de formuler les solutions qui se dégageaient dans mon esprit, j'ai hésité, j'ai craint d'être téméraire; j'ai aperçu les objections pratiques, je me suis défié des trop faciles entraînements de la logique. J'ai voulu attendre et observer encore; observer la suite des événements, attendre la critique. Cette hésitation doit me rendre plus indulgent que je n'ai été pour les travaux de la Commission royale d'Angleterre. Elle aussi, avant de se prononcer, a voulu observer et attendre.

Quand le *Bureau-Veritas* veut bien m'offrir la gracieuse hospitalité de son bulletin, je sens plus que jamais le péril des conclusions hâtives. Ici je ne m'adresse plus à des lecteurs de Revue, qui peuvent s'intéresser une heure aux drames de la mer et en sont bientôt distraits par d'autres occupations ou d'autres lectures, mais à un public d'hommes spéciaux, armateurs, constructeurs, capitaines, experts, assureurs, tous tenus, par état, d'avoir un avis sur les matières que je traite, tous y ayant engagé leur honneur et leur fortune, tous compétents pour contrôler mes opinions, et souvent, sur bien des points, plus compétents que moi-même. Je ne suis ni marin ni ingénieur, j'ignore profondément l'art des constructions navales, je n'ai pas d'autre autorité qu'une vieille expérience d'assureur maritime : comment ne serais-je pas timide ?

A la vérité, l'expérience de l'assureur est une synthèse qui doit embrasser, pour les apprécier, tous les risques de la navigation; de son fauteuil de bureau, il peut mieux voir les dangers auxquels s'expose un capitaine que celui-ci ne les voit sur sa passerelle.

Il me restait à parler des graves questions réservées, de la construction, de la surcharge et de la ligne de flottaison, de la visite préalable, telle qu'elle se pratique en France, ou de la surveillance laissée en Angleterre à l'administration publique du Board of Trade, enfin des Registres de classification.

On est généralement d'accord que la visite préalable au chargement, telle qu'elle se pratique en France, est une garantie presque illusoire. Ce n'est pas seulement parce qu'elle se fait souvent dans des conditions peu sérieuses, quand elle se fait autrement que sur le papier ; parce que les experts dits encore d'amirauté, près d'un siècle après la destruction de l'Amirauté, hors de tout contrôle, de toute hiérarchie, de toute inspection, de toute perspective d'avancement, ne peuvent guère être que ce qu'ils sont ordinairement : des vieillards débonnaires, gagnant sans fatigue une sorte de pension de retraite à signer des procès-verbaux, se gardant bien de s'attirer par leurs rigueurs l'inimitié de leurs camarades et celle des armateurs dont se compose le tribunal de commerce qui les désigne. Ils se souviennent trop de ce qu'était la visite d'amirauté lorsqu'ils commandaient eux-mêmes, pour songer, sur leurs vieux jours, à se mettre en lutte contre les habitudes. Je comprendrais, à cet égard, une réforme par le rajeunissement d'un personnel tout autrement désigné et organisé, et volontiers encore j'essaierais de rattacher ce service à la douane, à ce corps admirable d'hommes modestes, aux traditions probes et vaillantes, exercés à la lutte contre toutes les fraudes, qu'on laisse se décourager quand on devrait chercher à étendre ses attributions et à utiliser son dévouement.

Mais une autre réforme serait nécessaire, quant au fond des choses. Le vice esssentiel de la visite française est qu'elle s'applique à une proposition unique, à savoir si le navire est ou non en état de navigabilité; or, il n'y a rien qui soit moins du domaine de l'absolu que cette proposition. Tel vieux navire est en bon état pour transporter pendant l'été des chargements légers, qu'il serait insensé de charger de minerai pendant l'hiver. Tel autre est propre aux voyages du Brésil ou de la côte d'Afrique, qui ne saurait affronter les longues traversées ni les renversements de moussons des mers de l'Inde.

Cependant le certificat de visite est toujours le même, et comme aucun navire français ne navigue sans certificat, il en résulte que rien ne vient guider les chargeurs, les marins, les passagers ni les assureurs, et que tous les navires français sont présumés être dans le même bon état de navigabilité.

Cette présomption est manifestement contraire à la réalité. De là est né le discrédit de la visite officielle. On s'est accoutumé à la considérer comme une formalité vaine, et l'on a éprouvé le besoin d'une classification, aussi bien dans les pays qui ont l'institution de la visite officielle, comme la France, que dans ceux qui ne la connaissent pas, comme l'Angleterre.

La vérité, en effet, en cette matière, ne peut être qu'une vérité relative et graduée, et l'on se représente les navires répartis en un certain nombre de classes, depuis celle qui exprime le maximum de solidité jusqu'à celle qui inspire le moins de confiance. Mais ce n'est pas tout encore. Il y a une autre vérité relative. Le navire, pour être classé selon ses mérites, aura dû être examiné alors qu'il était vide, afin qu'on pût s'assurer de ses liaisons, de la qualité de ses matériaux, de la force de ses membres et, s'il n'est pas neuf, de leur état de conservation.

Il prend charge ensuite, et voici que la nature, la distribution ou le poids de son chargement peuvent détruire toutes les appréciations. J'ai parlé des chargements sur le pont et des chargements de blés en vrac comme des causes les mieux vérifiées d'instabilité : qu'importe la plus grande solidité de construction, si, le centre de gravité se déplaçant, le navire s'incline et chavire? Le poids excessif des cargaisons les mieux équilibrées crée d'autres dangers redoutables. Le navire ne chavire plus, il s'enfonce et coule verticalement.

Où commencera l'excès de poids? Un navire de 500 tonneaux, neuf et de première classe, pourra bien charger, sans que cela soit réputé téméraire, un poids de 600, de 700, de 750 tonneaux au maximum en métaux ou en minerai. Mais s'il en charge 1,000, il est dans des conditions détestables de navigabilité, et l'équipage courrait moins de dangers à bord d'un navire de la dernière classe qui serait chargé d'huile, de suif ou de planches de sapin, de toute marchandise dont la pesanteur spécifique est moindre que celle de l'eau. On dit, en ce cas, que le navire est porté par sa cargaison; il ne peut pas couler. La proportion maximum de 40 à 50 pour cent d'excès de poids sur le tonnage légal deviendra témérité coupable si le navire est vieux ou d'une classe inférieure. Il faudra la réduire graduellement pour rester dans les bornes de la prudence.

On le voit, il y a deux problèmes bien différents. L'un concerne l'état intrinsèque et les qualités du navire ; il comprend la construction, les formes, les matériaux, les liaisons, l'entretien, la vétusté. Il aboutit à une division en classes que peuvent représenter des numéros. L'autre a pour objet le poids du chargement et l'enfoncement du navire. On conçoit qu'il aboutisse à une autre échelle graduée, à une ligne de flottaison qui variera en raison de la classe du navire.

C'est ici que se dresse la question : à qui convient-il de demander la solution de ces deux problèmes? Est-ce à l'État? Est-ce à l'industrie privée?

Me plaçant, dans l'étude qui précède, au seul point de vue de la protection de la vie des navigateurs, j'ai incliné à demander cette protection à l'État, qui doit évidemment à la vie des marins sa sollicitude. Mais je ne puis pas méconnaître que tous les intérêts du commerce maritime sont engagés dans la question, et que c'est là aussi un des grands intérêts de l'État. Or, il serait à craindre qu'une réglementation trop formaliste, qu'une police trop rigoureuse ne troublât considérablement les opérations du commerce maritime. Il serait à craindre aussi que l'État ne s'acquittât mal de la mission qui lui serait confiée.

Dans un livre que je publiais il y a douze ans, et où je discutais la thèse de l'assurance par l'État, j'écrivais ce qui suit :

« La formule qui résume à la fois le
» droit et le devoir de l'Etat, dans l'ordre
» économique, me paraît être celle-ci :

» L'État doit entreprendre les choses » utiles que l'industrie privée est impuis- » sante à faire sans lui. Il doit aider de » son concours quand il est nécessaire, » de sa protection toujours, celles que » peut entreprendre l'industrie privée; » et, respectueux de la liberté, il doit » s'abstenir de toute immixtion dans celles » que l'industrie privée ferait sans lui et » mieux que lui (1). »

Je suis heureux d'avoir trouvé cette citation, qui vient me guider moi-même dans les difficultés de la conclusion cherchée.

L'industrie privée a pourvu au besoin de la classification des navires. Dès l'année 1780, l'association des assureurs de Lloyd's fondait à Londres le « *Register of*

(1) *Essai sur les lois du hasard*, pag. 129 (chez Anger, libraire, rue Laffitte, n° 48, à Paris).

British Shipping. » Dès 1828, sous les auspices des assureurs français, le *Bureau-Veritas* commençait, dans des proportions bien humbles, l'entreprise du Registre universel qui, sous la direction de M. Charles Bal, devait acquérir de si magnifiques développements.

On a vu s'établir depuis, en Angleterre le Registre de Liverpool, en France le Registre de Bordeaux. Chaque nation maritime a voulu avoir son Registre de classification. Il y a des Registres Allemand, Norwégien, Italien, Autrichien, Grec, Américain.

Ce n'est pas le lieu de comparer les divers Registres de classification. L'éloge de M. Charles Bal ne serait pas non plus ici à sa place, et mon amitié serait d'ailleurs suspecte. Mais je puis dire, parce que c'est un fait éclatant, que la publication française du *Veritas* a conquis les suffrages de tout l'univers maritime. Elle est devenue le guide le plus écouté des assureurs du monde entier, et par suite des chargeurs, des armateurs et des constructeurs eux-mêmes. Dans les marchés pour l'achat ou la construction d'un navire, l'usage se répand de plus en plus de subordonner le marché à la classification qui sera obtenue au *Veritas*, et des stipulations semblables sont insérées dans les contrats d'affrétement ainsi que dans les contrats d'assurance. Enfin, sans la moindre atteinte à la liberté, par le seul effet de la confiance qu'il inspire, le *Registre Veritas* se trouve en possession d'une autorité telle, qu'un grand nombre d'armateurs, de ceux bien entendu qui repoussent son contrôle, la déclarent tyrannique, et l'on a vu, chose étrange, des armateurs coalisés demander au gouvernement francais, au nom de la liberté, la suppresion d'une industrie libre.

L'État pourrait-il faire aussi bien que l'industrie privée, par un Registre officiel de classification ? C'est une des principales questions que s'est posées la Commission Royale d'Angleterre : quoiqu'elle ait reçu à cet égard beaucoup de suggestions, quoiqu'elle ait recueilli, et publié, bien des témoignages peu favorables aux Registres anglais, elle n'a pas osé conseiller d'empiéter sur le domaine de la liberté. En France, où le prétexte actuel manquerait, puisque le reproche fait par les armateurs à l'administration du *Veritas* est d'être trop sévère, on devrait oser moins encore, surtout dans les temps troublés que nous traversons.

Ce serait une bien grave imprudence, pour notre gouvernement, que d'ajouter à ses embarras la responsabilité de la classification officielle de tous nos navires, d'où dépendent en quelque sorte la fortune des armateurs et le sort des affrétements; quels que fussent le zèle, les lumières, l'intégrité de ses agents, la classification officielle risquerait trop d'être contestée par l'opinion et soulèverait trop d'ombrages.

Elle serait accusée de se laisser influencer par des considérations politiques ou électorales. Indulgente, elle perdrait la confiance des assureurs, qu'elle ne dispenserait pas de rechercher d'autres garanties. Rigoureuse, elle exciterait des réclamations passionnées, et c'est alors que le commerce des armements prononcerait le mot de tyrannie, d'une façon moins dérisoire que lorsqu'il l'applique à une libre industrie.

Le moment serait d'ailleurs sigulièrement choisi. Ainsi que je l'ai rappelé, une grande commission siége sous la présidence de M. le Ministre du commerce pour rechercher les moyens de venir en aide à notre marine marchande. Et l'on viendrait proposer, comme un de ces moyens, l'obligation nouvelle, inconnue dans le reste du monde maritime, de se soumettre à la rigueur d'une classification officielle ? J'ai peine à me représenter introduisant cette proposition dans les délibérations de la commission dont j'ai l'honneur de faire partie.

Je dois donc le reconnaître. La thèse de la classification officielle est très-séduisante, parce qu'il y a là manifestement un intérêt d'ordre public, et je ne m'étonne pas qu'en Angleterre même, à la suite des abus constatés de la liberté, elle ait rencontré tant de partisans. Mais ce n'est qu'une thèse qui ne résiste pas à l'examen réfléchi des considérations pratiques.

Qu'on y prenne garde, cependant, la thèse demeure. Toute l'autorité des Registres de l'industrie privée est dans la confiance qu'ils inspirent. S'il arrivait, par la succession des temps et des hommes, que cette confiance fût détruite, si les Registres devenaient des officines de complaisances vénales et de chantages, si l'industrie privée, au lieu de l'éclatante vitalité manifestée par le *Veritas*, s'affaissait dans l'impuissance, je serais conséquent avec ma formule, en disant que les gouvernements auraient le droit et pourraient avoir le devoir d'intervenir. S'il m'est permis de me citer encore, j'ajoutais, à la suite du passage déjà rapporté : « L'État a, dans son domaine, tout ce qui » tend à prévenir les accidents. Ainsi » pour diminuer les chances du naufrage, » l'État élève des balises, allume des » phares, organise le pilotage, soumet les

» navires et les machines à vapeur à des
» inspections périodiques, demande aux
» capitaines des garanties de capacité. »
La classification des navires rentre évidemment dans le même ordre d'idées.

J'ai fait observer que la classification n'est que le premier problème. Le second, plus complexe et plus difficile encore, est celui de la surcharge. Il est dans la dépendance du premier, comme un corollaire, puisque le maximum de la charge que la prudence permet de prendre doit être dans la dépendance de la classe du navire. Cependant les administrations des Registres n'ont point encore tenté de régler le maximum de charge, et c'est un gouvernement, celui de l'Angleterre, qui vient non pas précisément de réglementer la surcharge, mais d'inaugurer à cet égard une mesure d'une extrême hardiesse, qui contraste singulièrement avec les principes de laisser faire de la Grande-Bretagne. Un bill de 1873 donne aux fonctionnaires du Board of Trade la faculté de s'opposer, sur la plainte des marins et même d'office, au départ des navires qui paraîtront trop lourdement chargés pour naviguer avec sécurité. Cette loi est encore trop récente pour qu'on puisse bien en juger les effets ; mais des navires ont déjà été arrêté, et cette intervention insolite de l'administration publique dans les opérations du commerce maritime jette une vive émotion parmi les armateurs anglais. Pour que le Parlement en soit arrivé à voter une pareille mesure, il faut que l'abus de la surcharge ait été poussé bien loin.

La Commission royale a semblé aussi attacher une très-grande importance à cette question de la surcharge ; mais une réglementation préalable lui a paru présenter de telles difficultés qu'elle n'a pas osé la conseiller, préférant attendre les résultats du contrôle *a posteriori* exercé par le Board of Trade en vertu de la loi récente.

En France, les assureurs seuls ont pris quelques précautions contre la surcharge, alors qu'on leur proposait de garantir des marchandises lourdes, surtout des métaux et des minerais.

Le lecteur qui a bien voulu garder le souvenir du chapitre que j'ai consacré aux assureurs pourra être tenté de m'accuser ici de quelque contradiction.

Je crois que le reproche ne serait pas mérité, et je montre bien que je ne le redoute pas, en reproduisant le chapitre sans y changer un seul mot. Seulement je rappelle aux assureurs maritimes qui me lisent aujourd'hui que j'écrivais pour des gens du monde, imbus des plus ignorants préjugés à l'égard des assureurs. Je me suis efforcé de dissiper ces préjugés, en montrant en quoi consiste la profession de l'assureur. Je ne m'en dédis pas. Cette profession est essentiellement d'apprécier les risques tels qu'ils sont; elle n'est pas de les restreindre.

J'ai eu le chagrin d'ajouter, avec la Commission royale d'Angleterre, que forcément, en diminuant ou en supprimant l'intérêt à la conservation, l'institution des assurances diminue la vigilance et conséquemment augmente les risques de la navigation. C'est le côté fâcheux de l'institution, et combien de fois n'en ai-je pas gémi! Je souhaiterais du moins que ce ne fût jamais la faute des hommes. Il est certain que par le seul fait d'une appréciation éclairée des risques, beaucoup de périls pourraient être conjurés; il est certain que l'échelle graduée des primes doit être une incitation constante à la prudence, et que sous ce rapport la sévérité des assureurs tourne au profit de l'humanité. Il y a même des témérités que les assureurs ont le devoir professionnel de décourager entièrement. Par malheur, l'appréciation n'est pas toujours éclairée ; la concurrence est ardente ; le cours des primes, qui ne devrait dépendre que de la relation des risques, est trop souvent influencé par des circonstances extrinsèques, notamment par le principe économique de l'offre et de la demande, lequel, en matière d'assurances, est une hérésie. La compétition des assureurs se disputant la clientèle diminue les primes en même temps qu'elle augmente les risques, et produit un double écartement de l'équation.

Je ne veux pas exagérer les difficultés de la profession que j'exerce depuis plus d'un quart de siècle ; elle est moins malaisée que beaucoup d'autres.

Je désirerais seulement qu'il fût bien compris que c'est une profession, laquelle exige des connaissances spéciales et un apprentissage. Il n'y a pas d'école, d'examens ni de diplôme d'assureur maritime, et Dieu me garde d'en demander ! On ne peut pas faire un assureur comme on fait un bachelier ou un docteur. Il n'y a que l'école de l'expérience, et de l'expérience personnelle incessamment renouvelée.

Celle d'autrui est de bien peu de secours. Toutes les statistiques accumulées du passé seraient de très-mauvais guides, tant est rapide la transformation des choses et des risques maritimes. J'ai vu décroître et presque disparaître des dangers redoutés de mes prédécesseurs, j'ai vu se révéler d'autres dangers qu'ils ignoraient. Il faut que l'assureur soit toujours prêt, même à oser se risquer sur ce qui n'est pas encore éprouvé. Sa profession assez bizarre exige un mélange de prudence et d'audace, d'études raisonnées et d'intuition. C'est ce qui n'est pas suffisamment compris, ni du public, ni des capitaux qui s'associent étourdiment pour former des compagnies d'assurances, ni des hommes qui croient pouvoir s'improviser assureurs maritimes. Il y a quelques années, une société financière à Paris provoquait, par la publicité des prospectus, à la fondation, sous ses auspices, d'une vaste Compagnie d'assurances maritimes de plus. L'appât était assez grossier ; il avait suffi de grouper comme exemples les résultats obtenus par les Compagnies les plus prospères ; on ne disait rien de celles qui avaient succombé. La tentative eut un plein succès ; en peu de jours le capital était réuni et surabondait même. On s'aperçut alors qu'on n'avait oublié qu'une chose, de se pourvoir d'un assureur pour faire mouvoir la machine, et l'on recommença une recherche plus laborieuse, celle d'un assureur. On crut en découvrir un, si heureusement choisi qu'en moins de deux ans la Compagnie ruinée était forcée de se dissoudre. Était-il survenu des catastrophes extraordinaires sur mer? Nullement, il y avait eu un assureur qui ne savait pas son métier.

Il y aura toujours, quelque part, de ces concurrents étourdis et téméraires qui jettent la perturbation sur le marché des assurances. C'est pour cela qu'il ne faut pas trop se fier aux assureurs en général pour refréner les témérités des armateurs, des capitaines et des chargeurs. C'est pour cela que l'assureur expérimenté est parfois entraîné lui-même à une sorte de découragement, s'affligeant de voir sa profession diminuée dans la considération publique et jusque dans la sienne. Elle est si belle, cette profession, quand il peut, tout en protégeant contre les insultes du sort les opérations commerciales, ce qui demeure sa fonction principale, protéger aussi la vie de la race courageuse d'hommes associés à ces opérations !

Cette joie lui est donnée après les époques de crise. En se resserrant, en se concertant, les assureurs imposent leurs appréciations, détruisent les pratiques abusives, déconcertent les cupidités aventureuses, et forcent à s'incliner devant eux la science même des ingénieurs. Il m'arrive souvent, lorsque je négocie l'assurance d'un vulgaire chargement de rails ou de métaux bruts, de fixer un maximum de poids proportionné, selon mon estime, au degré de solidité du bâtiment. Il est clair que je n'ai, pour me guider, que les indications que me fournit le *Veritas* sur l'âge, le tonnage et la classe du navire. Quand j'ai réussi à faire accepter cette exigence par l'expéditeur ; quand je saisis une plume et que j'inscris de ma main la condition sur le contrat avant d'y apposer ma signature, je sens avec une sorte d'orgueil, je demande pardon de cette expression, que mon métier modeste s'ennoblit et s'élève. Il ne protége plus seulement des intérêts matériels, mais des intérêts d'humanité. Je me rends le témoignage que ce trait de plume va peut-être préserver la vie d'un équipage, qu'exposerait à d'immenses périls une charge immodérée.

Oui, trop souvent, l'armateur, qui connaît ces hommes, qui les a pris à son service, ne sait pas s'arrêter dans l'âpre poursuite du lucre et il exagère le chargement pour augmenter le produit du fret.

Le capitaine qui partage leurs périls, mais qui partage aussi les produits du fret, ne sait pas s'arrêter davantage dans de sages limites. Les subalternes sont, par état, insouciants et téméraires : ils ne se seront pas même enquis du poids total du chargement. L'affréteur, lui, si l'assureur ne l'y oblige, ne s'enquerra pas des conditions de bonne navigabilité du navire, et déclarera les ignorer. Garanti par l'assurance de toutes chances de perte, il ne verra qu'une chose, sa marchandise à expédier dans la plus grande quantité possible ; s'il exerce une pression, ce sera dans le sens de l'exagération du chargement ; il ne disputera que sur le taux du fret. Il faut que l'assureur impose aux uns et aux autres les règles de la prudence ; il faut qu'il formule lui-même à la hâte, d'une manière arbitraire et empirique, et par une sorte de divination, ces règles qu'il ne trouve écrites nulle part ; il faut que, de son cabinet, il trace sur le navire, qu'il n'a pas vu, qu'il ne verra jamais, une ligne de charge idéale, et qu'il sache dire à chacun : Tu n'iras pas plus loin.

FIN

IMPRIMERIE CENTRALE DES CHEMINS DE FER. — A. CHAIX ET Cie,
RUE BERGÈRE, 20, A PARIS. — 4278-4.

DU MÊME AUTEUR

Essai sur les lois du hasard. 1 vol. in-18.. 3 »

Théorie des annuités viagères et des assurances sur la vie, par Francis Baily, traduit de l'anglais. 2 vol. in-8°.............. 10 »

Précis de l'assurance sur la vie. 1 vol. in-18. 2 »

Nouvelles Observations. Brochure.......... » 50

Le Domaine patrimonial et les Assurances sur la vie. Brochure.................... » 50

La Participation aux bénéfices. Brochure. » 50

Réforme internationale du droit maritime. 1 vol. in-12....................... 2 »

Le Commerce maritime et la Voirie. Brochure.................................. 1 »

La Navigation intérieure et la Voirie. Brochure................................. » 50

Les Sociétés anonymes, examen de la loi du 24 juillet 1867. 1 vol. in-18................ 3 »

Les Caisses de prévoyance. 1 vol. in-18.... 2 »

La Querelle du capital et du travail. 1 vol. in-18........................... 1 »

Commentaire des Polices françaises d'assurance maritime........................ 3 »

IMP. CENTRALE DES CHEMINS DE FER. — A. CHAIX ET

www.ingramcontent.com/pod-product-compliance
Ingram Content Group UK Ltd.
Pitfield, Milton Keynes, MK11 3LW, UK
UKHW020142200726
13856UKWH00003B/806